AF544593

König | Bremer Denkwürdigkeiten

KellnerVerlag

Johann-Günther König

Bremer Denkwürdigkeiten

Ein illustriertes Stadtbuch

Dieses Buch ist bei der Deutschen Nationalbibliothek registriert. Die bibliografischen Daten können online angesehen werden:
http://dnb.d-nb.de

Impressum

Inhaber: Manuel Dotzauer e.K.
St.-Pauli-Deich 3 • 28199 Bremen
Tel. 0421 77866
info@kellnerverlag.de
www.kellnerverlag.de

Lektorat: Gesa Allerheiligen
Layout: Marika Krügerke
Umschlag: Jennifer Chowanietz
Fotos: S. 72 pixelio, S. 78 und 107 wikimedia,
S. 98 Wilfried Dotzauer,
Rest Sammlung KellnerVerlag
Gesamtherstellung: Der DruckKellner, Bremen

ISBN 978-3-95651-448-7

Für meine Buten-Bremerinnen:
Birte, Georgie, Lara und Maike

Ich danke Gesa Allerheiligen
für ihr sorgsames Lektorat.

DER AUTOR

Foto: Hajo König

Johann-Günther König, geb. 1952, lebt in Bremen und Klein Siemen und publiziert seit 1975 überwiegend zu bremischen, kulturgeschichtlichen und politökonomischen Themen. König ist Mitglied im P.E.N.-Zentrum Deutschland und im Verband deutscher Schriftstellerinnen und Schriftsteller (VS in ver.di). Er wirkte Jahrzehnte lang in Vorständen des VS und ver.di, des Bremer Literaturkontors und der Friedo-Lampe-Gesellschaft mit und ist gegenwärtig 2. Vors. des Freundeskreis der Staats- und Universitätsbibliothek Bremen. 2023 legte Johann-Günther König – rechtzeitig zur Ernennung Bremens als UNESCO City of Literature – das reichhaltige Werk vor: Diese Stadt ist echt, und echt ist selten. Bremen und Bremerhaven in der Literatur. Im Kellner Verlag veröffentlicht er seit 1994 Bücher – 2017 gab er den Kriminalroman Pik Adam des aus Bremen gebürtigen bedeutenden jüdischen Autors Josef Kastein heraus.

INHALTSVERZEICHNIS

1. WENN JEMAND EINE REISE TUT

Die Hansestadt Bremen offeriert eine einzigartige, in über 1.200 Jahren gewachsene Vielfalt. Der reisende Künstler Joachim Ringelnatz, den es in den 1920er Jahren in die Wesermetropole zog, nahm die Stadt so wahr:

»Hier gelt ich nix, und würde gern was gelten,
denn diese Stadt ist echt, und echt ist selten.«
»Wenn jemand eine Reise tut,
so kann er was verzählen«,

frohlockte im späten 18. Jahrhundert schon Matthias Claudius, und ließ seinen Weltreisenden *Urian* von der Nordwestpassage sagen:

»Von hier ging ich nach Mexiko,
ist weiter als nach Bremen …«

So manche Weltreisende auf den Kreuzfahrtschiffen der Gegenwart werden freilich berichten: »Von hier schipperten wir nach Bremen, ist weiter als nach Mexiko …«

Immer mehr in die Hansestadt kommende Urlaubsgäste können übrigens schon deshalb was erzählen, weil sie mit dem Fahrrad unterwegs sind. Etwa auf dem beliebten und nicht mit malerischen Ausblicken geizenden Weser-Radweg, der vom Weserbergland über 520 Kilometer bis zur Nordsee führt.

Die Wege ins Bremer Zentrum sind vom Flughafen wie auch vom Hauptbahnhof und Fernbusterminal aus bemerkenswert kurz – vom Bremen Airport Hans Koschnick erreichen Reisende in maximal einer Viertelstunde mit der Straßenbahn oder dem Taxi die Innenstadt, vom Hauptbahnhof und Fernbusterminal dauert es selbst per pedes nicht länger. In Bremerhavens Columbus Cruise Center an Land gehende Kreuzfahrtreisende erreichen den Bremer Roland mit Bus und Bahn nicht ganz so schnell.

Mit Linienmaschinen – zunächst die *KLM* – ist die Hansestadt seit mehr als hundert Jahren erreichbar – konkret seit dem Sommer 1920. Die

Blick aus der Bahnhofstraße auf den Hauptbahnhof, 1930.

Deutsche Lufthansa bezieht den internationalen Verkehrsflughafen seit ihrer Gründung 1926 in ihr Streckennetz ein.

Mit der Eisenbahn kann die Wesermetropole seit 1847 erreicht oder verlassen werden. Der zwischen 1886 und 1890 erbaute Bremer Hauptbahnhof ist ein überzeugter Zweckbau des Jugendstils. Leider sorgen Suchtkranke und Kriminelle seit Jahren für Negativ-Schlagzeilen , empfinden viele Reisende den Bahnhof als »rechtsfreien« Raum. Die Politik bemüht sich, mit Strafverfolgungs- und sozialen Maßnahmen gegenzusteuern.

Im Juni 1929 trat mit Lene Voigt die Großmeisterin des sächsischen Humors aus der Bahnhofshalle auf den Vorplatz, der zu jener Zeit noch frei von ernsthaft besorgniserregenden Zuständen war. Sie befand umgehend:

»Bremen sehen und lieben war eins …«

Lene Voigt (eigentlich: Helene Wagner; 1891–1962) blieb knapp fünf Jahre in der Hansestadt. Ob ihr eines Tages wohl der Bremer Übersetzer und Schriftsteller Karl Lerbs begegnete, etwa als er auch als Dramaturg am Bremer Schauspielhaus wirkte? Er hätte der Sächsin womöglich erläutert:

»Humor als Grundeinstellung zur Umwelt und zum Leben ist bei uns etwas so Tiefliegendes und Selbstverständliches, daß wir uns dessen oft nicht einmal bewußt sind.«

Wie dem auch sei – Lene Voigt verfasste ihre mundartlich-komischen Werke *In Sachsen gewachsen* und *Die sächsische Odyssee* in Bremen, wo gewiss nicht »die Bleiße bläddschert«.

Um 1930 lief – fiktiv – ein Zug mit zwei Männern »in demselben Abteil dritter Klasse« in die »mächtige, glasgedeckte Halle des Bremer Hauptbahnhofs ein, wo das Licht der Bogenlampen jedes Gesicht fahl erschienen ließ«. Einer der beiden hatte bald nach der Ankunft sein Leben ausgehaucht. Der zweite Mann, ein Kommissar (ausgestattet mit Pfeife, schwarzem Überzieher mit Samtkragen und Melone), lebt hingegen im Reich der Krimileserinnen und -leser immer noch. Sein fiktives Erscheinen in Bremen beziehungsweise in dem Kriminalroman *Maigret und der Gehängte von Saint-Pholien* hatte schönste Folgen: Es begründete den nachhaltig-großen Erfolg und Ruhm des belgischen Autors Georges Simeon (1903–1989).

Apropos Ruhm. Gerühmt wird auch Bremen unentwegt. Und das seit – ungelogen! – rund tausend Jahren. Im Mittelalter zum Beispiel als »Rom des Nordens«, in der Neuzeit als »beste Brücke nach Übersee« und in der Zeitgeschichte als Geburtsstätte des ersten voll funktionsfähigen Hubschraubers überhaupt und – nach 1945 – des ersten eigenständigen deutschen Düsen-Verkehrsflugzeuges sowie als Braustätte eines »*Spitzen* Pilsener von Welt«. Dass am 15. Dezember 1975 mit der *Shat Alarab* der bis dahin größte Tanker der Welt auf der legendären Bremer Werft *AG Weser* vom Stapel lief – er war 370 Meter lang und 64 Meter breit – sollte auch nicht vergessen werden. Ganz zu schweigen vom ruhmreichen *SV Werder Bremen* – immerhin viermal Deutscher Meister, sechsmal DFB-Pokalsieger, dreimal Supercup- und einmal Ligapokalsieger sowie 1992 Gewinner des Europapokals der Pokalsieger.

Wenn bremischen Landeskindern zu einer Problemstellung nichts mehr einfällt, dann wird die Formel »Dreimal ist Bremer Recht!« beschwört, und alles wird gut. Rein theoretisch, wohlgemerkt.

Was mit dem Sprichwort tatsächlich auf den Punkt gebracht werden soll, weiß so gut wie niemand. Im Übrigen gibt es gleich mehrere unterschiedliche und entsprechend umstrittene Erklärungen. Eine besagt, dass die Bremerinnen und Bremer in längst verblichenen Zeiten anderen Städten gegenüber drei Rechte voraushatten: die Ratsherren das des Tragens von Gold und Pelzen, die Kaufleute das auf freie Schifffahrt und die Stadt das auf eigene Rechtsprechung.

Heute bezieht sich der Spruch im Zweifelsfall auf Einwohnende, die sich als *tagenbaren* bezeichnen können. Als solche gelten gemeinhin binäre und nicht-binäre Bremer, deren Eltern- und beide Großelternteile in der Hansestadt geboren (*baren*) und aufgewachsen (*tagen*) sind.

2. WO EIN FEIN AUF HÖREN MUSS

Ludwig Quidde (1858–1941) ist bislang der einzige Bremer, der mit dem Friedensnobelpreis ausgezeichnet wurde. Er erhielt ihn 1927 gemeinsam mit dem französischen Pazifisten Ferdinand Buisson. Der in einer Bremer Kaufmannsfamilie aufgewachsene mutige Historiker und promovierte Privatgelehrte hatte sich schon in jungen Jahren gegen den Antisemitismus eingesetzt und ab 1894 vehement gegen Kaiser Wilhelm II. und den Militarismus Stellung bezogen. 1896 erhielt er wegen angeblicher Majestätsbeleidigung eine dreimonatige Gefängnisstrafe.

Als bekennender Pazifist wurde Ludwig Quidde 1902 ins Präsidium der *Deutschen Friedensgesellschaft* gewählt; den Vorsitz der heute noch bestehenden Gesellschaft hatte er in den Jahren 1914 bis 1929 inne. Neben der Ächtung des Krieges setzte er sich vor allem für eine Friedenssicherung durch internationale Kooperation ein.

Im Januar 1933, kurz bevor die Nazis die Macht an sich rissen, versuchte der das Schlimmste befürchtende Historiker seine Landsleute aufzurütteln:

»Ich habe nie aufgehört, mit einem gewissen Stolz mich als geborenen Bremer zu bekennen. Stolz? Worauf? Es ist doch eigentlich ganz unsinnig, auf das, was andere, Vorfahren, Landsleute, geleistet haben, stolz zu sein. ... Als eine bezeichnende wertvolle Eigenschaft des hansischen Bürgertums habe ich immer empfunden das Vertrauen auf die eigene Kraft, den Verzicht auf obrigkeitliche Vergünstigung ... Ich habe den Eindruck gehabt, daß ... jeder bremische Bürger etwas von dem echt demokratischen oder republikanischen Bewußtsein hatte, ›der Staat sind wir‹.«

Nach der Machtübernahme der Nationalsozialisten musste Ludwig Quidde nach Genf flüchten, wo er bis zu seinem Tod 1941 im Exil lebte. Ein Jahr zuvor war ihm seine deutsche Staatsangehörigkeit aberkannt worden, weil er die Nazis treffend als »eine Bande von Verbrechern, Mördern, Räubern, Brandstiftern und ... bestialischen Folterknechten, dazu Lügnern und Heuchlern« bezeichnet hatte.

Das vom Friedensnobelpreisträger Quidde hervorgehobene bremisch-republikanische Bewusstsein »der Staat sind wir« kommt nicht von ungefähr. Schließlich kann sich Bremen als älteste noch bestehende deutsche Stadtrepublik rühmen – und, nach San Marino, als zweitälteste in der Welt. Aber wenn auch die Bremer Stadtrepublik aufgrund ihrer Reichsunmittelbarkeit frei von landesfürstlicher Herrschaft und bischöflicher Bevormundung war, so agierte sie nach heutigem Verständnis beileibe nicht wie ein demokratisches Gemeinwesen. In Bremen – und das wusste der Historiker Quidde nur zu genau – steckte die politische Macht in den Händen von einigen wenigen Familien.

Die bremischen *consules,* sprich die Ratsherren, die bis weit ins 19. Jahrhundert hinein quasi aristokratisch regierten und sich in ihrer Gesamtheit als Wittheit (niederdeutsch für Weisheit!) verstanden, waren keineswegs vom Volk gewählt. Die Wittheit setzte sich aus Kaufleuten und Gelehrten zusammen, die lebenslang berufen wurden.

Wie dem auch sei, zur ältesten deutschen Stadtrepublik gehören zwingend das städtische Selbstbewusstsein, das Markt- und Münzrecht sowie den bürgerlichen Machtanspruch demonstrierende Symbole. Das Bremer Rathaus und der steinerne Bremer Roland sind gewiss nicht zufällig von der UNESCO als »einzigartiges Zeugnis« für die Entwicklung bürgerlicher Autonomie zum Weltkulturerbe erklärt worden.

Bislang benannte die Hansestadt Bremen nur eine Straße nach Ludwig Quidde. Ein Denkmal oder eine herausragende Institution, die den nach Gustav Stresemann zweiten deutschen Friedensnobelpreisträger in Ehren hält – Fehlanzeige. Apropos Denkmal: Damit eine Desertion in Bremen nicht vergessen wird, stiftete 1864 der »Marschendichter« Hermann Allmers (1821–1902) ein steinernes Medaillon, das seitdem am Uferweg der Kleinen Weser mit dieser Inschrift steht:

»Johann Gottfried Seume. 1783 wurde der Dichter auf seiner Flucht von Bremer Bürgern gerettet.«

Der 1763 in Poserna geborene Johann Gottfried Seume gehörte zu den hessischen Söldnern, die nach dem amerikanischen Unabhängigkeitskrieg wieder gen Bremen verschifft wurden. Wie es im September 1783 zur Fahnenflucht kam, schildert er in seiner Fragment gebliebenen Autobiografie *Mein Leben*:

»In Bremen versuchte ich's … und es gelang mir am hellen, lichten Tage unter ziemlicher Gefahr … über die Brücke weg, in die Altstadt hinein. Ein guter, alter, ehrlicher Spießbürger mochte mir doch wohl einige Verwirrung ansehen; er kam freundlich zu mir und fragte: ›Freund! Ihr seid wohl ein hessischer Deserteur?‹ – ›Und wenn ich denn einer wäre?‹ sagte ich. ›Da muß ich Euch sagen, unser Magistrat hat Kartell mit dem Landgrafen.‹«

Der »ehrliche Spießbürger« aus Bremen hatte allen Grund, Johann Gottfried Seume zu warnen. Schließlich war im Februar 1578 auf dem Domshof ein Deserteur gehängt worden. Dem Fahnenflüchtigen stand an diesem Tag nun nicht nur das Glück, sondern auch die Bremer Bevölkerung zur Seite. Seumes Freund Heinrich Clodius berichtet:

»Das gutmütige Volk der guten Stadt Bremen drängte sich als eine Schutzwehr um Seume herum und schob gewissermaßen den Fremdling hilfreich zum nächsten Tore hinaus. Seume, ein trefflicher Läufer, flog wie ein Pfeil.«

Erfolgreich gestaltete sich die Flucht nicht, denn kurze Zeit später griffen ihn preußische Häscher auf und zwangen ihn zum Militärdienst. Wiederum unternahm Johann Gottfried Seume Fluchtversuche, wurde bestraft und kam erst nach vier Jahren durch die Kaution eines Kaufmanns frei. 1787 kehrte der Dichter schließlich nach Leipzig zurück. Er schlug sich eine Weile als Sprachlehrer und Sekretär durch und verdingte sich schließlich als Korrektor in dem namhaften Verlag des aus Bremen gebürtigen Georg Joachim Göschen. Einem breiteren Publikum wurde Seume nach 1802 vor allem durch sein – nach einem strapaziösen Fußmarsch entstandenes – sozial- und kulturkritisches Werk *Spaziergang nach Syrakus* bekannt.

Knattert gerade die Speckflagge? Die von rot-weißen Streifen durchzogene, links doppelt gewürfelte Bremer Landesflagge weht am Rathaus bei festlichen Anlässen. Sie hat ihr Weiß-Rot freilich nicht vom Speck, sondern von den alten Reichsfarben. Und nun zu den landeskundlich bedeutsamen Sachverhalten, wo *ein* schon deshalb *fein auf hören muss*, weil Bremen alles andere als einfach Bremen ist.

Als *Freie Hansestadt Bremen* vermarktet sich die Wesermetropole nicht etwa bereits seit 1358, als sie von den anderen Hansestädten auf einer Tagfahrt (Versammlung) in Lübeck zur Mitgliedschaft in der Hanse genötigt wurde, sondern erst seit 1806, als sich das Heilige Römische Reich Deutscher Nation aufgelöst hatte.

Ab dem Januar 1827, als der vom weitsichtigen Bürgermeister Johann Smidt (1773–1857) geleitete Senat dem Königreich Hannover ein für

Hafenanlagen geeignetes Gelände an der Wesermündung abkaufte, entwickelte sich die Freie Hansestadt Bremen mit Bremerhaven. Ab 1880 gab es die Hansestadt mit der selbstständigen Gemeinde Bremerhaven im Land Bremen.

Unter der NS-Diktatur existierte ab 1939 Bremen mit nur mehr dem stadtbremischen Überseehafengebiet Bremerhaven, denn in jenem Jahr wurde die 1924 durch den Zusammenschluss der Orte Lehe und Geestemünde entstandene preußische Stadt Wesermünde mit Bremerhaven verschmolzen. Die neue Stadt Wesermünde gehörte nicht länger zum Land Bremen, sondern zur preußischen Provinz Hannover.

Zugleich wurde 1939 das stadtbremische Gebiet im Bremer Osten um die preußischen Gemeinden Arbergen, Hemelingen und Mahndorf und im Norden um die preußischen Gemeinden Blumenthal, Lesum, Grohn, Schönebeck, Aumund und Farge (mit Rekum) vergrößert. Durch die Einbindung des bis dahin selbstständigen bremischen Stadtteils Vegesack ergab sich der neue Stadtbezirk Bremen-Nord (mit heute über 100.000 Einwohnenden).

Ansicht von Vegesack.

Im Januar 1947, als die von britischen Streitkräften befreiten Städte Bremen (mit dem stadtbremischen Überseehafengebiet Bremerhaven) und Wesermünde, die aus militärischen Nachschuberfordernissen umgehend eine amerikanische Exklave geworden waren, zum festen Teil der US-Besatzungszone wurden, entstanden die Stadt und das Land Bremen.

Seit dem Februar 1947, als Wesermünde den Namen Bremerhaven annahm und sich dem Land Bremen anschloss, gibt es die Stadt Bremen nebst der Stadt Bremerhaven und das *Land Freie Hansestadt Bremen* (die Überseehäfen in Bremerhaven sind im Besitz der Stadtgemeinde Bremen verblieben). Als am 21. Oktober 1947 die bremische Landesverfassung in Kraft trat (die dem späteren Grundgesetz in Vielem ähnelt, gleichsam zuvorkam), wurden Bremen und Bremerhaven ein selbstständiges Land.

Seit dem 23. Mai 1949, dem Tag der Unterzeichnung des Grundgesetzes, bilden die beiden Städte Bremen und Bremerhaven das kleinste deutsche *Bundesland Freie Hansestadt Bremen*.

Bremen – so scheint es – ist ganz schön verwirrend. Mit diesem, wie Karl Philipp Moritz formulierte, »schon durch den Klang so merkwürdig gewordenen« Namen lässt sich heute jedenfalls nicht nur Stadt, sondern auch Staat machen. Mit Bremen kann entweder der einzige deutsche Zweistädtestaat *Freie Hansestadt Bremen* mit den Stadtgemeinden Bremen (um 570.000 Einwohnende) und Bremerhaven (um 115.000 Einwohnende) gemeint sein, oder nur die Landeshauptstadt Bremen oder auch beides.

Wem das noch nicht verwirrend genug erscheint – kein Problem.

Gerade die als *'n büschn* steif bezeichneten binären und nicht-binären Weser-Hanseaten verstehen sich nämlich bestens auf die Verwirrung der Verwirrungen. So wird die kreisfreie Großstadt Bremerhaven von einem Oberbürgermeister geleitet, die viel größere kreisfreie Landeshauptstadt Bremen lediglich von einem Bürgermeister. Da der Bremer Bürgermeister aber zugleich als Präsident des Senats (Ministerpräsident) waltet, obliegt ihm die Staatsaufsicht über das ganze Bundesland Freie Hansestadt Bremen, also auch über die Stadtgemeinde Bremerhaven. Im Übrigen wirkt der Präsident des Senats im Kreise der Senatorinnen und Senatoren als »Erster unter Gleichen« – beim allwöchentlichen politischen Frühstück im Gobelinzimmer des Rathauses erkennbar an der leicht unterschiedlichen Bestuhlung.

Bremisch verwirrend sind allemal die gemeinwesenartigen Familienverhältnisse. Für die Leute in Bremerhaven ist Bremen die Schwesterstadt, für die Leute in Bremen ist Bremerhaven die Tochterstadt und Hamburg die Schwesterstadt. Jedenfalls beschwor der namhafte elbstädtische Syndikus Karl Sieveking in einer Feierstunde 1846 »die Solidarität der eng verbundenen Schwesterstädte«.

Die durch Bremen führende Deutsche Märchenstraße wie auch der zukunftssichere Weser-Fernwander-Radweg haben als Endpunkt natürlich nicht das geschwisterlich beneidete reiche Hamburg, sondern die unterhaltsberechtigte bremische Tochter- und Seestadt Bremerhaven. *Wo ein fein auf hören muss,* wie es gut Bremisch heißt – sprich, worauf es zu achten gilt.

3. MÄRCHENHAFTER RUHM INBEGRIFFEN

Die Bremer Altstadt und die ihr gegenüber liegende, von Weser, Teerhof, Stadtwerder und Kleiner Weser gleichsam auf Distanz gehaltene alte Neustadt, sind aus der Luft oder im Internet durch das sie umkreisende Grün der Wallanlagen leicht zu erkennen. Genau diesen, zu Fuß oder auf dem Fahrrad mühelos innerhalb einiger Stunden durchstreifbaren Raum meinte Franz von Dingelstedt, als er in einem seiner Gedichte schwärmte:

»Die Bremerstadt am Weserstrom!
Der Schlüssel ihres Wappens schließt
Ein Reich von märchenhaftem Ruhme …«

Anders als noch im 19. Jahrhundert wurde die Altstadt bis in die jüngere Gegenwart nicht mehr von der Bevölkerung bewohnt, sondern diente überwiegend als Kontor-, Verwaltungs- und Geschäftsareal. Aufgrund des gegenwärtig zunehmenden Schwunds von Büros, Kaufhäusern und Einzelhandelsgeschäften sehen die städtischen Planungen inzwischen die Wiedereinrichtung von Wohnungen vor.

Am 16. Juli 1880 bestieg Theodor Fontane in Berlin einen Zug, der ihn nach Bremen bringen sollte. Nach der Ankunft im Bremer Hauptbahnhof begab er sich in *Hillmanns Hôtel* am Herdentor – mit Blick in die Wallanlagen – und trank dort erst einmal Kaffee.

Als der Romancier 1880 in Bremen ankam, wandelte sich die Hansestadt mit mehr als 100.000 Einwohnenden gerade zur Großstadt. Allerdings erhob sich neben dem Hauptbahnhof noch nicht die klassizistische Fassade des Übersee-Museums. Es wurde 1896 eröffnet und präsentiert seitdem naturgeschichtliche und ethnografische Sammlungen, die von Forschenden und Bremer Kaufleuten zusammengetragen wurden. Im über eine Brücke angeschlossenen Übermaxx, dem zweitältesten Schaumagazin der Welt, befindet ein Großteil der 1,2 Millionen Objekte des Museums – darunter ein Fischhautanorak und ein Zweifingerfaultier.

Der die Altstadt einfassende Stadtgraben bildete ab dem frühen 14. Jahrhundert die wichtigste Verteidigungslinie Bremens vor der Stadtmauer. Von letzterer steht allerdings kein Stein mehr über dem anderen, stattdessen bieten die Bäume der englischen Parks nachempfundenen Wallanlagen einigen Schutz.

Die mit reizvollen Höhen, Aussichts- und Ruheplätzen, zahlreichen Plastiken und Ehrenmälern aufwartenden Anlagen entstanden ab 1802 unter Leitung der Landschaftsgärtner Christian Ludwig Bosse und Isaak Altmann. Die unübersehbare Herdentorsmühle ist hübsch anzuschauen – sie ist die einzig noch erhaltene der ehemals zwölf Windmühlen, die 1796 noch auf den Wällen standen. Heute stillt sie Hunger und Durst.

In den beiden bestechenden Romanen von Friedo Lampe (1899–1945), einem bedeutenden in Bremen aufgewachsenen Schriftsteller, genauer in *Am Rande der Nacht* und dem verfilmten *Septembergewitter,* gehören die Wallanlagen zur Szenerie: »Die Sonne war ja schon weg und schwarz lag jetzt das Wasser vom Stadtgraben da, man konnte gar nicht mehr tief hineinsehen, und eben hatte es doch noch so goldig braun geleuchtet. Dunst stieg leise aus dem Wasser und blieb dicht darüber liegen. Die Bäume der Anlagen traten schon zu schweren dunklen Gruppen zusammen, und weich und mahnend hob die Mühle auf dem Hügel die braunen Flügel in den warmen, blauen, rauchigen Himmel.«

1880 zog es Theodor Fontane nach dem Kaffee vom klassizistisch-repräsentativen *Hillmanns Hôtel* in die Innenstadt. Er »flanirte 4 Stunden«, kaufte sich »Plan und Büchelchen« und kannte anschließend – so notierte er es jedenfalls – »Bremen so gut wie Berlin«. In seinem Werk *Cécile* lässt er die Innenstadt seiner Tage aufleben. Zwar hat sich die architektonische und straßenräumliche Anmutung seitdem teils erheblich verändert, aber gegen einen Stadtbummel spricht nach wie vor nichts.

Der Kern der Bremer Altstadt ist überwiegend eine – teils von Straßenbahnen und Radelnden mitgenutzte – Fußgängerzone. Für wie Fontane zunächst die Sögestraße ansteuernde Leute beginnt sie bei der von einem Hirten gehüteten bronzenen Schweineherde des Bremer Bildhauers Peter Lehmann (1921–1995). Die Herde erinnert plastisch an das Mittelalter und die frühe Neuzeit, als sich fast jeder Bremer Bürger ein Schwein hielt. Abends wurden die Tiere von der (hinter dem Bahnhof gelegenen) Bürgerweide durch das Herdentor in die Stadt und Sögestraße zurückgetrieben – *Söge* heißt Säue. Die Knochenhauerstraße um die Ecke diente praktischerweise dem Fleischerhandwerk als Arbeitsstätte.

Weil es hier in Deutschlands Norden hin und wieder *pladdert* oder *drüppelt, klötert* oder *schnuddert, prasselt* oder *fieselt,* erfreuen sich einige Bereiche der Bremer Altstadt einer Überdachung. Neben dem überglasten

Fußweg mit Boulevard-Charakter entlang des Straßenzugs Am Wall kommen Mensch und Tier auch in diversen Passagen garantiert trockenen Kopfes voran.

Zwischen dem Domshof und der Sögestraße lockt die Katharinenpassage mit dem Katharinenklosterhof. Hier stand einst ein Kloster, auf dessen spärlich erhaltenen Fragmenten ein Parkhaus zum Anbeten von Automobilen lädt.

In Höhe des 1932 für *Karstadt* fertig gestellten Warenhauskomplexes beginnt die zweihundert Meter lange Lloyd Passage, die erste überdachte öffentliche Straße Deutschlands. Sie dient zugleich als »Mall of Fame«. In ihr sollen in Bodenplatten eingelassene Bronzeabgüsse der Hände von prominenten Mitmenschen mit bremischen Bezug hollywoodschen Glamour erzeugen – etwa die von Fußballstars wie Claudio Pizarro, Schauspielgrößen wie Katja Riemann, Entertainer wie Rudi Carell oder Satiriker wie Jan Böhmermann. Wer unbedingt die Handabdrücke des aus Bremen gebürtigen Musikstars James Last (1929–2015) betreten möchte – wohlan. Für die Hände des 1989 verstorbenen Entertainers Hans-Joachim Kulenkampff, einem echten »Bremer Jungen«, erfolgte die Eröffnung der »Mall of Fame« 2003 zu spät. Dabei hieß seine legendäre Fernsehsendung *Einer wird gewinnen.*

Die 1990 eröffnete Passage selbst trägt den Namen Lloyd, weil sich an ihrem Ende beim heutigen Hanseatenhof bis 1968 das Verwaltungsgebäude der Schifffahrtsgesellschaft *Norddeutscher Lloyd* erstreckte. Erbaut worden war es im prunkvollen Stil der Neorenaissance nach Entwürfen des als Schöpfer des Historismus gerühmten Bremer Architekten Johann Poppe (1837–1915). Kein Geringerer als Sigmund Freud betrat den Bau kurz nach der 1909 erfolgten Eröffnung: »In der Papenstraße erscheint uns der Palast des Lloyd, mit einer großartigen Türe geziert, wir treten ein, und jetzt hat uns das Schicksal.«

Auf dem Hanseatenhof erinnert ein Denkmal an Friedrich Wilhelm Bessel (1784–1846). Der Mathematiker und Astronom bestimmte 1838 als erster die Entfernung zwischen der Erde und dem 61 Cygni im Sternbild des Schwans. Auswanderungswillige sollten sich auf eine Entfernung von 10,3 Lichtjahren gefasst machen.

Ein paar Schritte weiter erhebt sich das prachtvolle, 1619 erbaute Gewerbehaus. Heute Sitz der Handwerkskammer, früher Festhaus der Gewandschneider und Tuchhändler. 1764 übernachtete Zar Peter der Große in diesem Gebäude – will sagen: Hoher Besuch ist in Bremen seit jeher nichts Ungewöhnliches.

Von der Obernstraße – sie diente früher der Oberschicht als Wohn- und Geschäftsstraße und tut das vielleicht in nicht allzu ferner Zeit wieder – lohnt der Abstieg die Treppe hinunter zur Großen Waagestraße. An der Ecke Langenstraße macht eines der wenigen, sorgsam nach dem Krieg rekonstruierten Gebäude der Weser-Renaissance auf sich aufmerksam: die ehemalige Stadtwaage. Sie wurde 1586/87 vom begnadeten Architekten Lüder von Bentheim (um 1555–1613) entworfen, der auch das Rathaus umgestalten ließ.

Die Langenstraße gehört neben der Obernstraße zu den ältesten Straßen der Hansestadt. In ihr hatten früher die reichen Kaufleute ihre Kontore, Lager und Wohnungen, von denen allerdings kaum etwas erhalten geblieben ist. So stand ab 1618 wenige Schritte von der Stadtwaage entfernt ein weiteres prächtiges Giebelhaus im Stil der Weserrenaissance. Es gehörte zunächst der Kaufmannsfamilie Esich und beherbergte im 19. Jahrhundert eine Essigfabrik. Nach der völligen Zerstörung im Zweiten Weltkrieg wurden lediglich die ebenerdigen *Utluchten* beziehungsweise Erker und das Portal rekonstruiert und die Obergeschosse neu gestaltet. Zunächst diente das sogenannte »Essighaus« als Restaurant, später als Bankhaus. 2022 erfolgte der Abriss und begann der Wiederaufbau – erneut nur teils im Stil des ursprünglichen Giebelhauses.

In einem der Häuser in der Langenstraße wurde 1752 Georg Joachim Göschen geboren. Nach einer schweren Kindheit absolvierte er in einer Bremer Buchhandlung seine Ausbildung und trat 1770 in eine der führenden Verlagsbuchhandlungen Leipzigs ein. 1785 gründete Göschen seinen eigenen Verlag und stieg neben Friedrich Cotta zum bedeutendsten Verleger der deutschen Klassik auf. Der 1828 in Grimma verstorbene gebürtige Bremer blieb nicht der einzige in der Wesermetropole geborene Verleger, der ruhmreich wirkte. Der Reihe nach:

Der als Sohn des Bremer Pädagogen-Ehepaares Johanne und August Kippenberg geborene und in der Hansestadt aufgewachsene Anton Kippenberg (1874–1950) leitete von 1906 an den *Insel-Verlag* in Leipzig, der aus der 1899 begründeten Literaturzeitschrift *Die Insel* hervorgegangen war, die wiederum vom Bremer Schriftsteller und Architekten Rudolf

Alexander Schröder (1878–1962), dem Dichter und Mäzen Alfred Walter Heymel (1878–1914) sowie dem Autor Otto Julius Bierbaum (1865–1910) ins Leben gerufen worden war.

Kaum zufällig gehörte Anton Kippenberg, dem 1949 die Ehrenbürgerwürde der Hansestadt zuteilwurde, zu den Ausbildern des großen Verlegers Ernst Rowohlt (1887–1960). Der in Bremen am Osterdeich aufgewachsene Sohn eines Bremer Börsenmaklers bekannte später: »In meinem ganzen verlegerischen Leben hat Anton Kippenberg die größte Rolle gespielt.« Der von ihm 1910 in Berlin gegründete *Ernst Rowohlt Verlag* zählt nach wie vor zu den führenden Häusern im Lande.

Obwohl die Hansestadt zu keiner Zeit Sitz eines über die Grenzen hinaus renommierten Buchverlages war, brachte sie fünf Verlegerpersönlichkeiten hervor, deren Namen in der Geschichte des deutschen Buchhandels obenan stehen. Dazu gehört viertens der in der Altstadt aufgewachsene Otto von Halem (1867–1940). Der Buchhändler und Verleger stammte aus einem alten deutschen Adelsgeschlecht. Um 1906 verzog er nach Stuttgart und betrieb in der Folgezeit mehrere Verlage in Deutschland. Einen Namen machte sich fünftens der Bremer Sohn Willy Wiegand (1884–1961), der im frühen 20. Jahrhundert in München als Begründer und äußerst begabte Typograf der Bremer Presse, der »Königin unter den deutschen Privatpressen«, berühmt wurde.

Blick vom Liebfrauenkirchhof in die Obernstraße, 1930.

4. IM GLANZ DES WELTKULTURERBES

Der Marktplatz fungiert seit über sechshundert Jahren als wichtigster Bremer Anlaufpunkt. Dort treten sich Touris aus aller Welt, wichtige Persönlichkeiten aus Politik, Wirtschaft und Kultur und binäre und nicht-binäre Bremer auf die Füße; dort werden zuweilen rauschende Stadtfeste gefeiert, Demonstrationen abgehalten, und dort zieht zur Oster-, Freimarkts- und Weihnachtszeit eine auf Leib und Seele und das Portemonnaie zielende Budenpracht die Massen an.

Das Rathaus.

Der Markt zählt den unbestechlichen Reiseführern zufolge zu den drei schönsten Plätzen Europas. Einige seiner kommunalen Funktionen hat er allerdings seit Langem eingebüßt. So wurden etwa die bis 1787 unter dem zweiten Rathausbogen stattfindenden Gerichtssitzungen in ein stattliches Gerichtsgebäude verlegt und ist der Kaak, an dem die Prangerstrafen sofort vollzogen wurden, längst verschwunden.

In der Mitte des Marktplatzes liegt das Hanseatenkreuz, ein Ehrenzeichen für die hanseatischen Teilnehmer an den Freiheitskriegen gegen Napoleon. Der Form nach erinnert es an das Kreuz des Deutschen Ritterordens, also irgendwie auch an die vielen Kreuzritter, die auf Bremer Schiffen ins Heilige Land segelten, um dort wild um sich zu schlagen.

Der gut zehn Meter hohe Roland auf dem Marktplatz ist ein beliebter Treffpunkt. *Was übrigens 'n richtiger Bremer is, der weiß, 'ne Verabredung hinterm Roland, die gildet nich.* Die 1404 errichtete steinerne Monumentalstatue – sie ersetzte eine hölzerne Rolandfigur – ist die künstlerisch bedeutendste unter den auch andernorts anzutreffenden Rolandsäulen. Die erste Zeile der Umschrift auf dem mit dem doppelköpfigen Reichsadler geschmückten

Schild – *Vryheit do ik iu openbar* – beschwört die reichsunmittelbare Selbstständigkeit Bremens, die Freiheit und Unabhängigkeit der Stadt.

»Roland, der Ries',
am Rathaus zu Bremen
Steht er im Standbild
Standhaft und wacht«,
dichtete Friedrich Rückert vorsichtshalber.

Rolands schelmisch-ernster Gesichtsausdruck wirkt so typisch bremisch wie das große Lebkuchenherz, das er zur Jahrmarktszeit im Oktober trägt – *Ischa Freimaak!* Das Sandsteinrelief zwischen seinen Füßen stellt einen Kopf mit Händen dar. Die Figur wird von sturen Einheimischen als genau der »Krüppel« gerühmt, der einer Sage zufolge sein Leben opferte, um die Schenkung der Bürgerweide zu ermöglichen. Beschlagene Geschichtsforschende hingegen bezeichnen das Relief als Nachbildung eines enthaupteten friesischen Häuptlings.

Der Marktplatz mit Rathaus und Obernstraße, 1930.

Roland ist ein Ausländer, von dem niemand weiß, wer ihn schuf – vermutlich war er ein bretonischer Paladin und Neffe Karls des Großen. Eine kleine Roland-Kopie befindet sich übrigens seit 1737 als Bekrönung eines Feuerlöschbrunnens auf dem Neuen Markt in der Bremer Neustadt. Leider *kuckt* man da leicht *überhin.*

Seit 2004 gehört der Roland zum UNESCO Weltkulturerbe – gleichsam im Doppelpack mit dem Bremer Rathaus. Das 1405 in spätgotischer Backstein-Architektur errichtete Gebäude wurde zu Beginn des 17. Jahrhunderts durch Lüder von Bentheim völlig umgestaltet. Seitdem zählt es mit seiner prächtigen Fassade im Weser-Renaissance-Stil zu den schönsten der Welt. Der Dichter Oskar Loerke schwärmte 1914:

»Die Fassade mit dem Kaiser und den sieben Kurfürsten, den heiligen. Die Kolonaden … Drinnen die ernste, schlichte, niedrige Halle mit den Holzsäulen, die doch soviel Würde und Schönheit haben. Das schöne Geschnitz der Treppe zur Seitenkammer, die stolze, große obere Halle. Das Dach. Und herrlich, dass nichts zu groß und zu prächtig ist, dass einem ein Gefühl von Bürgertum übrig bleibt.«

Über den elf Rathausbögen symbolisieren Reliefs Gerechtigkeit, Treue, Hoffnung, Liebe, Weisheit und nicht zuletzt Mäßigung und damit haargenau die Werte, die dem Bürgertum wichtig sind. Der Fries über den Bögen mit seinen deftig-erotischen Anspielungen bietet Stoff für unendliche Geschichten.

Ein Zwickel über dem zweiten Arkaden-Bogen zeigt eine Frau mit Gluckhenne und Küken. Die naheliegende Deutung bestimmt sie als Symbol der Fruchtbarkeit, Mütterlichkeit und Häuslichkeit – das war den Ratsherren gewiss wichtig; seit der sprachbegabte und fantasiereiche Friedrich Wagenfeld (1810–1846) die Sage von der *Bremer Gluckhenne* erfand, wird das Relief allerdings ganz unbürgerlich mit der Ortsgründung in Zusammenhang gebracht.

Seit 1905 wartet das Bremer Rathaus mit einem herrlichen Innenraum im reinen Jugendstil auf: der Güldenkammer. Sie wurde von dem in Bremen geborenen genialen Künstler Heinrich Vogeler (1872–1942) gestaltet.

Rechts vom Rathaus recken sich die beiden Türme des auf dem höchsten Punkt der Bremer Düne stehenden St. Petri Doms in den Himmel. Er wurde ab dem elften Jahrhundert über den Fundamenten älterer Vorgängerbauten in romanischem Stil errichtet und ab dem 13. Jahrhundert in gotischem Stil umgebaut und erweitert. Vom Brautportal im Nordschiff ist der romanische Grundriss der dreischiffigen Pfeilerbasilika mit doppeltem Chor und zwei Krypten gut zu übersehen.

Ein musikgeschichtlich bedeutsames Ereignis fand im Dom am Karfreitag 1868 statt, als dort Johannes Brahms' *Deutsches Requiem* uraufgeführt wurde. Betrieben hatte dieses Ereignis der Leiter des Domchors, der Organist und Komponist Karl Martin Reinthaler (1822–1896), ein eingeschworener »Brahmine«. Allerdings erregte es einigen Missfallen der Bremerinnen und Bremer, die zu jener Zeit vor allem die Musik von Wagner schätzten. Reinthaler kommentierte ernüchtert: »Es kommt ihnen nicht so sehr auf das Gemüth an. Je mehr es rauscht, desto bereitwilliger öffnen sie ihre von Natur aus zu großen Ohren.«

Zu den touristischen Attraktionen des St. Petri Doms gehört seit 1695 der mit Mumien bestückte Bleikeller, über den Sigmund Freud und andere Besuchende mehr vieles zu sagen hatten. Die heute von Glasabdeckungen geschützten Überbleibsel waren bis 1960 frei zugänglich, und das erklärt, warum im fernen Naturwissenschaftlichen Kabinett des Goethe-Nationalmuseums der »Finger einer Mumie aus dem Bleikeller in Bremen« behütet wird. Wie er dahin kam? Nun, Geheimrat Wolfgang von Goethe hatte in Bremen einen Verehrer namens Dr. Nicolaus Meyer, der offenbar selbst vor einer Grabschändung nicht zurückschreckte, um sich bei seinem Idol einzuschmeicheln. Der Geheimrat selbst hielt Meyer zwar so gut es ging auf Distanz, nahm aber die ihm immer wieder aus Bremen gesandten Gaben – Kisten voller Wein und Austern, schöne Muscheln, ein Stück Walkiemen und weitere Kuriositäten mehr – dankend an. 1803 zumal die quasi fingerfertige kleine Gabe aus dem Bleikeller.

Gegenüber den Domtreppen erhebt sich das nach einem Entwurf des Münchner Architekten Gabriel v. Seidl ab 1909 erbaute, 1913 eingeweihte Neue Rathaus, in dem der Bürgermeister sein Dienst- und der Senat sein Sitzungszimmer hat. Als Adolph Freiherr Knigge (1752–1796) im Sommer 1790 mit seiner Familie von Hannover nach Bremen umzog, lag seine Dienstwohnung an genau dieser Stelle im damals Palatium genannten Vorgängerbau. Es handelte sich um das Verwaltungsgebäude für die Bremer Besitzungen des Königreichs Hannover, vor allem dem Dombezirk.

Die Familie Knigge fand im Palatium eine Dienstwohnung vor, die zwar repräsentativ, aber unbehaglich war. Alles andere erschien dem Freiherrn, der keiner sein wollte, akzeptabel: »Den Preis der Lebensmittel finde ich, nach den Erkundigungen, die ich eingezogen habe, bey Weitem nicht so hoch, wie in Hamburg und selbst geringer, wie in Hannover. Specerey-Waaren und Weine sind wohlfeil, weil man sie zu Schiffe aus der ersten Hand haben kann.«

Auf der Ostseite des Marktes überrascht das vor die Anbauten der im Krieg zerstörten pompösen Effektenbörse gesetzte, empfindsam moderne Haus der Bürgerschaft. Der 1966 eingeweihte Bau des Architekten Wassili Luckhart (1889–1972) nimmt mit dem Arkadengang und der glasreichen vertikalen Gliederung einige Elemente des historischen Rathauses und des Schüttings auf.

Ganz links der Südseite, an der Wachtstraße, erhebt sich das massige Gebäude der Bremer Baumwollbörse, dem man von außen die einst reichhaltige Fassadenpracht nicht mehr ansieht. Die beeindruckende künstlerische Ausgestaltung des Innern jedoch verpflichtet nachgerade zu einer Inaugenscheinnahme.

Die Gegenwart und Geschichte der 1872 von Kaufleuten gegründeten Bremer Baumwollbörse spiegelt einen wichtigen Bereich der hiesigen Einfuhr- und Handelspolitik. Zwar besteht die bremische Baumwollverarbeitungsindustrie nur mehr auf bedrucktem Papier und sind Jahre wie 1912, als mehr als 2,8 Millionen Ballen über die bremischen Häfen eingeführt wurden, längst passé. Was die Börse gegenwärtig leistet, ist dennoch nicht von schlechten Eltern. Sie wirkt »als internationale Rohstofforganisation, die weltweit im Verbund mit 16 weiteren Baumwollbörsen für die vertragsgemäße Abwicklung des Baumwollgeschäfts sorgt und hält spezielle Kontraktbedingungen vor, in denen die Regeln für das Geschäft festgelegt sind. Dieses ›Grundgesetz‹ für den Baumwollhandel umfasst beispielsweise eine eigene Gerichtsbarkeit und ein Instrumentarium zur Beilegung von Meinungsverschiedenheiten der vertragsschließenden Parteien.«

Kurz: Die *Bremen Rules* sind die Basis aller im In- und Ausland geschlossenen Baumwollhandelsverträge. So viel zu einem keineswegs nebensächlichen Aspekt des hansestädtischen Mitwirkens in der globalisierten Welt.

Auf der Südseite des Marktes stehen Bankgebäude, ein Café und der Schüttung einträchtig nebeneinander. Der Schütting diente ehemals als Gilde- und Kosthaus der Kaufleute und ist seit 1849 Sitz der Handelskammer Bremen. Der im 16. Jahrhundert errichtete Bau mit seiner schlichten Barockfassade erfuhr mehrere Umbauten. Nachdem der Schütting im Oktober 1944 kriegsbedingt mit seinen prächtigen Innenräumen und der kostbaren Ausstattung niedergebrannt war, erfolgte in den 1950er Jahren der Wiederaufbau.

In der Kathedrale der Kaufleute und des Handels fanden im 18. Jahrhundert Gäste der Stadt eine Herberge sowie ein Café vor. Inzwischen erwartet im Untergeschoss ein Restaurant seine Gäste. Als sich um 1730 der englische Reiseschriftsteller und Botschaftssekretär Thomas Lediard (1685–1743) im Schütting aufhielt, wurde er beim Blick auf den Markt

Zeuge der auf dem Kaak vollzogenen Auspeitschung eines Stubenmädchens mit anschließender Brandmarkung durch ein glühend heißes Eisen. Ich übergehe die grausamen Einzelheiten. Prangerstrafen gab es auf dem Marktplatz bis 1786.

Todesstrafen hingegen wurden in der Regel außerhalb der Stadt vollstreckt – sie waren allzu häufig und hätten den Verkehr gestört. 1418 erwischte es die beiden Friesenhäuptlinge Dedo und Gerold, die mit ihren Leuten einen fehlgeschlagenen Überfall auf die bremische Festung Friedeburg verübt hatten. Diese mordsmäßige Geschichte gehört zu den berührenden Fußnoten der bremischen Geschichte. Gerold schien nämlich Glück im Unglück zu haben, hatten doch einige Mitglieder des Rats etwas Besseres als den Tod mit ihm vor:

»Bleibe bei uns in Bremen«, sprachen sie, »heirate eine angesehene Bürgertochter und du wirst ein geehrter Mann unter uns sein.«

Gerold hob sein Haupt, blickte sie stolz an und sprach mythisch: »Ich bin ein edelfreier Friese, eure Pelzer- und Schuhmachertöchter sind nicht für mich. Wollt ihr mir aber das Leben schenken, so will ich euch ein halb Scheffel voll Gulden geben.«

Die stolze Haltung gefiel zwar den jüngeren Ratsmitgliedern, viel Geld konnte Bremen schon immer gut gebrauchen. Ein alter Ratsherr aber winkte ab: »Nicht so, der wird nimmer den Kuss auf seines Bruders Dedo tote Lippen vergessen. Ihr habt nie etwas Gutes von ihm zu gewarten.«

Gerold wurde kurz darauf ebenso wie zwanzig weitere Friesen aufs Rad gelegt. Gewiss keine schöne Methode, um vom Leben zum Tod zu kommen.

Noch einmal zurück zu Thomas Lediard. Dem scharfen Beobachter erschien es um 1730 »recht komisch«, dass sich in Bremen Herren wie Damen »mit Tee oder Kaffee zuprosteten«. In der Tat nimmt die Wesermetropole in der Welt des Kaffees seit jeher eine führende Rolle ein. Denn wo wurde das erste Kaffeehaus im deutschsprachigen Raum eröffnet? Einschlägige Urkunden weisen die ersten Cafébetriebe für Hamburg um 1677 und für Wien sogar erst 1683 nach. Bremen blickt kühl auf das Jahr 1673 zurück, als am 23. August der zugezogene Holländer Jan Jantz van Huesden vom Rat die Genehmigung erhielt, »alhir eine Hanthierung von ausländischen Indianischen Geträncke, alß Coffi, Schokelati … vorzunehmen«. In welchem Gebäude er das tat, ist nicht bekannt geworden. 1697 eröffnete dann ein Salzhändler im Schütting seine *Coffi*-Stube.

Ab dem späten 17. Jahrhundert entwickelte sich Bremen allmählich zur Kaffeehauptstadt Deutschlands. Jede zweite Tasse Kaffee, die gegenwärtig in der Bundesrepublik getrunken wird, verdankt ihren Inhalt den Leistungen traditioneller und neu gegründeter Bremer Röstereien. Zudem kommt fast jeder zweite Sack Rohkaffee, der gegenwärtig in Deutschland verarbeitet wird, über die bremischen Häfen ins Land. Jährlich immerhin um die 550.000 Tonnen.

Die Wesermetropole ist auch die Geburtsstätte der Entkoffeinierung – 1906 war das bremische Unternehmen *Kaffee Hag* das weltweit erste, das koffeinfreien Kaffee verkaufte. Hergestellt im Übrigen in der ersten Kaffeefabrik Europas. Inzwischen wird zwar kein Kaffee Hag mehr in Bremen produziert, dennoch beheimatet die Hansestadt die größten Entkoffeinierungskapazitäten der Welt.

Auf der Westseite des Platzes reihen sich nach dem Zweiten Weltkrieg rekonstruierte und denkmalgeschützte Bürgerhäuser als ansehnliches Ensemble aneinander. Die vor ihnen angesiedelten gastronomischen Verweilgelegenheiten laden zum Ausspannen ein. Das Haus der Stadtsparkasse, in dem aber keine Geldgeschäfte mehr getätigt werden, glänzt mit seiner herrlichen Rokoko-Fassade. Die seit 1532 bestehende Raths-Apotheke residiert in einem Haus mit zwei Giebeln im Stil des Neubarocks.

Zwischen dem Schütting und dem – zum Restaurant umfunktionierten – Haus der Sparkasse liegt das neue Stadtmusikanten- und Literaturhaus. Es soll ab 2025 das Grimm'sche Märchen in einer Ausstellung mit seiner facettenreichen Rezeptions-, Verbreitungs- und Popularisierungsgeschichte würdigen und dabei nicht zuletzt auf Themen wie Migrationserfahrung, demografischer Wandel, Solidarität und Teamfähigkeit eingehen. Das Literaturhaus wiederum wird zentral gelegene Räumlichkeiten für schöpferische Aktivitäten und Veranstaltungen bieten.

Der Bremer Markplatz genießt unter den Einheimischen den Ruf einer guten Stube. Er ist zweifellos ein schöner, gepflegter und vorzeigbarer Verweilort in der Wesermetropole.

Das Rathaus, der Dom (mit einem Turm) und die Börse.

Die Westseite des Marktplatzes.

5. »ICH GEHE NACH BREMEN …«

Bremen ist die einzige deutsche Stadt, die in der legendären Märchensammlung der Brüder Grimm in den Rang einer titelgebenden Zufluchtsstätte erhoben worden ist. Eben deshalb hat die Hansestadt den tierisch erfolgreichen Hausbesetzern zahlreiche Denkmale gesetzt. Darüber hinaus ist sie zu einer bevorzugten Anlaufstelle für Kriegs- und andere Flüchtlinge sowie für unbegleitete Minderjährige geworden.

Die Grimm'schen *Bremer Stadtmusikanten* stehen fotogen in Bronze gekleidet am Westportal des Rathauses (von Gerhard Marcks; 1889–1981), erscheinen als Fresko im Ratskeller (von Max Slevogt; 1868–1932), bereichern den Sieben-Faulen-Brunnen in der Böttcherstraße (von Bernhard Hoetger; 1874–1949), schmücken einen Lampenhalter des Deutschen Hauses am Markt und viele andere Örtlichkeiten mehr. Von den auf unzähligen Postkartenmotiven und städtischen Werbematerialien abgebildeten vier Gesellen ganz zu schweigen.

Auf dem Marktplatz – direkt vor dem Bürgerschaftsgebäude – wartet das Bremer Loch in einem Gullydeckel auf den Einwurf möglichst vieler Münzen. Ein Geldstück reicht bereits, um ein kräftiges Stadtmusikantengeräusch auszulösen: entweder es bellt, miaut, i-aaht oder tönt Kikeriki. Für einen guten Zweck, versteht sich. Die Einnahmen von jährlich zumeist mehr als 20.000 Euro kommen der Wilhelm-Kaisen-Bürgerhilfe zugute.

Die Bronzeplastik der *Bremer Stadtmusikanten* neben dem Rathaus gilt als eines der Wahrzeichen der Hansestadt. Die von Gerhard Marcks geschaffenen Tiere sind mit ihren zwei Metern Höhe zwar nicht lebensgroß, ziehen aber wie magisch junge, ältere und alte Menschen an. Die blanken Vorderbeine des Esels lassen daran keinen Zweifel. Jedenfalls soll es Glück bringen, sie zu umfassen.

Der Esel geht voran, heißt es, und Sachkundige schätzen dieses vermeintlich träge und ungeschickte Tier ob seines Mutes, seiner Besonnenheit und Intelligenz. Der Grimm'sche Esel wurde bekanntlich zur Arbeit immer untauglicher und brachte es dann fertig, ausgerechnet mit einem Hund, einer Katze und einem Hahn – die sich biologisch im wahrsten Sinne des Wortes zum Fressen gernhaben – ein Team zu bilden. Besser noch, er sorgte zugleich dafür, dass sich das im Rentenalter befindliche Kollektiv einträchtig auf den Weg nach Bremen machte.

Während junge Leute die bremische Kombination aus großstädtischem Angebot bei überschaubar-lebenswerten Stadtteilen mit viel Grün und Fahrradwegen schätzen, versprach sich das ins Alter gekommene Tierquartett Esel, Hund, Katze und Hahn schlicht ein gutes Leben als *Bremer Stadtmusikanten.*

Erzählungen von Tieren, die unter der Führung eines Esels, Pferdes oder Ochsen zusammen auf Wanderschaft gehen, weil sie vom Hof gejagt oder gar geschlachtet werden sollen, waren bereits im mittelalterlichen Europa sowie im Orient und in Asien beliebt. Die variationsreich überlieferten Märchen haben eines gemeinsam: Die Wege der in die Fremde ziehenden Tiere führten zu Ställen oder zu weit von der Weser entfernten Zielorten. Als die Brüder Jacob und Wilhelm Grimm 1819 eine ihnen im östlichen Westfalen zugetragene Erzählversion in ihre legendäre Sammlung von *Kinder- und Hausmärchen* aufnahmen, änderte sich die Marschrichtung jedoch nachhaltig. Seitdem lautet das Ziel immerzu Bremen und ließen die *Bremer* Stadtmusikanten alle bis dahin umlaufenden volkseigenen Überlieferungen schlagartig in Vergessenheit geraten.

»Weißt du was«, sprach der Esel, »ich gehe nach Bremen und werde dort Stadtmusikant, geh mit und lass dich auch bei der Musik annehmen.«

Wie der Hund auf diesen Vorschlag reagierte, steht im Märchen. Aber welches Bremen hatte der Esel im Sinn? Wollte er etwa in das seit dem Jahr 750 bekannte Bremen in Thüringen ziehen oder alternativ in das seit 1272 erwähnte Bremen im Schwabenland? Zog es den Grauschimmel gar in das zu Grimms Zeiten so beliebte Auswanderungsland Amerika – nach Bremen in Alabama oder Bremen in Georgia, nach Bremen in Illinois oder Bremen in Indiana, nach Bremen in Kansas oder Bremen in Kentucky, nach Bremen in Maine oder Bremen in Minnesota, nach Bremen in North Dakota oder auch nach Bremen in Ohio?

Rein literarisch konnten die vier Tiere ihr Ziel in einem Tag bekanntlich nicht erreichen. Deshalb zog es sie zunächst in einen Wald, wo sie übernachten wollten. Dort wiederum stießen sie auf ein Räuberhaus, in dem bei einem Blick durchs Fenster von schlechter Zubereitung nichts, von einem gedeckten Tisch mit schönen Speisen und Getränken jedoch sehr viel zu sehen war. Es dauerte nicht lange, da gelang es dem Tierkollektiv mit einschlägigen Mitteln, die Hausbesitzer zu vertreiben und den Platz an der reich gedeckten Tafel zu besetzen. An ihr sitzen die *Bremer Stadtmusikanten* – wenn sie nicht gestorben sind – immer noch, sie wollten ja nicht wieder heraus.

Ansonsten wären sie zweifellos in die die schriftlich seit 782 verbürgte Hafenstadt an der Weser gekommen, denn sie war zu Zeiten der Brüder Grimm ja die einzige Stadt mit dem Namen Bremen weit und breit, und in dem Märchen ist an einer Stelle ausdrücklich von der »Stadt Bremen« die Rede.

Wie aber lautet die Antwort, wenn eine belesene Touristin spitz darauf verweist, im in fast alle Sprachen der Welt übersetzten Grimm'schen Märchen kämen die Tiere gar nicht in die Wesermetropole, sie hätten hier also eigentlich nichts zu suchen. Anstatt als Bremer Stadtmusikanten aufzuspielen, würden sie ja unaufhörlich das Leben im Räuberhaus irgendwo in einem fernen Wald genießen.

Die Antwort eines nicht minder belesenen bremischen Buchhändlers würde lauten: *Bischa nich klug*. Natürlich mit der *verklugfiedelten* Information: Leibhaftige Bremer Stadtmusikanten traten spätestens seit 1339 hörbar in Erscheinung; und das gewiss bis 1751, als sie im städtischen Musikkorps aufgingen – also längst bevor die Brüder Grimm sie einfach tierisch gut verewigten.

In der Tat begleiteten im Mittelalter die Stadtmusikanten Bremer Gesandte nach Deventer und andernorts, spielten auf Staatsempfängen und Hochzeiten und bliesen so manchen Choral von den Kirchtürmen. Da sie offenbar den Ton trafen, drang ihr guter Ruf bis weit über die Bremer Mauern in die deutschen Lande – was Wunder, dass in den Erzählungen des Volkes die Wunschvorstellung aufkam, »nach Bremen« zu gehen und als Bremer Stadtmusikant »etwas Besseres als den Tod« zu finden.

Womöglich hatte sich auch herumgesprochen, dass es in der Hansestadt an geeigneten Musikanten fehlte. So vermerkte der hiesige Bibliothekar und einst namhafte Reiseschriftsteller Johann Georg Kohl (1808–1878), es hätte »in Bremen selten taugliche Subjecte, gutgeschulte und zunftmäßig ausgebildete Musiker« gegeben: »Jedenfalls contrahirte der Rath gewöhnlich mit einem sich darbietenden und gut empfohlenen Künstler aus der Fremde.«

Was nun außerhalb der Bremer Stadtmauern nicht ruchbar wurde, waren die so gar nicht märchenhaften, heute »prekär« genannten Arbeits-

und Entlohnungsbedingungen der Musiker. Sie erhielten nur eine äußerst knapp bemessene Gage und hatten dafür recht beschwerliche Dienste wie das viermal wöchentlich anfallende Abblasen vom Turm der Ratskirche Unser Lieben Frauen zu gewährleisten, was wiederum mit einer »so unbequemen Wanderung, wie die steilen Treppen und gefährlichen Leitern in den dunklen Kirchthürmen sie darboten«, verbunden war.

Die echten Bremer Stadtmusikanten, die Stadtpfeifer, sind längst Geschichte. Der 1899 vom Bremer Ölmagnaten und Großmäzen Franz Ernst Schütte gestiftete Turmbläserbrunnen am Dom steht aber noch. Dort blasen sich die Pieper tonlos zu jeder Tages- und Nachtzeit in Erinnerung. Das zuweilen tönende Quietschen und Summen kommt übrigens von den dicht vorbeifahrenden Straßenbahnen.

Turmbläserbrunnen

6. IM GUTEN RATSKELLER ZU BREMEN

Angesichts der den Markt einkreisenden Dominanz von Politik, Wirtschaft, Geld und Glauben verspricht das Abtauchen in den 1405 vom Rat eingerichteten Stadtweinkeller im Sommer Schluck für Schluck kühlende und im Winter wärmende Entspannung. Also, wie es Heinrich Heine so trefflich besang:

»Glücklich der Mann, der den Hafen erreicht hat,
Und hinter sich ließ das Meer und die Stürme,
Und jetzo warm und ruhig sitzt
Im guten Ratskeller zu Bremen.«

Die Treppe neben dem gotischen Seitenportal des Rathauses führt mitten hinein in die dreischiffige große Halle von 1405. Das Bild dieses ältesten Kellers wird von mächtigen Fässern bestimmt. Wahre Schmuckstücke sind das, deren Stirnseiten üppiges Schnitzwerk und hübsch gemalte romantische Rheinlandschaften zeigen. Das älteste Prunkfass stammt aus dem Jahre 1623, das größte datiert auf das Jahr 1737 und vermag 37.000 Flaschen zu fassen. Die große Halle mit ihren eichenen Tischen hat Generationen von Wein liebenden Leuten, ehrbare und weniger ehrbare Kaufleute und Politikerinnen und Politiker kommen und gehen sehen, und in den kleinen hölzernen Kämmerchen, den *Priölken*, werden auch heute noch so manche wichtige Dinge besprochen.

An einem Tag zu Beginn des 20. Jahrhunderts rettete sich der dänische Schriftsteller Karl Larsen (1860–1931) vor einem Sturzregen in den Ratskeller. Was ihn erwartete, steht in seinem Werk *Poetische Reisen*:

»Ein brodelnder Lärm von menschlichen Stimmen in einer Atmosphäre voll Geruch von gebratenen Speisen und vielen Kleidern stieg zu mir herauf. Auf der untersten Stufe musste ich einen Augenblick stehen bleiben. In einem überheißen, großen und gewölbten Raum, von Tabaksrauch durchnebelt, wimmelte es überall von Herren und Damen an kleinen Tischen. … Der Kellner arbeitete sich hindurch mit einem frischen Schoppen, den er hoch über allen Köpfen trug. Er stellte einen Römer vor mich hin – gleich einer durchgeschnittenen grünen, glatten Traube auf einem feinen, gerieften

Fuß. Und als ich dieses Glas geleert wieder auf den Tisch setzte, hatte ich zum erstenmal an diesem Abend meinen Wein geschmeckt. Es kam mir so ganz überraschend; hastig tat ich noch einen Zug; war es nicht Einbildung?«

Die weltberühmte Institution unter dem Rathaus hält mehr als sechshundert Weine aus allen deutschen Anbaugebieten vorrätig. Als eine Art Heiligtum gilt der Rosekeller, in dem der älteste Wein der Welt lagert, ein Rüdesheimer aus dem Jahr 1653. Der Weg zum 1.200 Liter fassenden Rosefass wiederum führt durch den Apostelkeller, an dessen Längswänden je sechs Stückfässer ruhen, in denen Rüdesheimer, Hochheimer und Johannisberger Weine aus den Jahren zwischen 1727 und 1784 lagern.

Im Jahre 1826 war die Bremer Ratskellerluft so wein- und geistgeschwängert, dass sie gleich zwei Schriftsteller zu literarischen Höchstleistungen anspornte. Wilhelm Hauff (1802–1827) und Heinrich Heine (1797–1856). Sie gehörten nach den Napoleonischen Kriegen zu der anwachsenden Zahl von Reisenden, die der Hansestadt einen Besuch abstatteten – weshalb auch die Stadteinfahrten verbreitert, Stadttore abgebrochen und neue Hotels am Domshof gebaut werden mussten. Heinrich Heine fand offenbar Gefallen an dem beeindruckenden Angebot deutscher Weine. In seinem längeren Gedicht *Im Hafen* besingt er den Bremer Ratskeller auch mit diesen herrlichen Zeilen:

Der Ratskeller.

»Du braver Ratskellermeister von Bremen!
Siehst du, auf den Dächern der Häuser sitzen
Die Engel und sind betrunken und singen;
Die glühende Sonne dort oben
Ist nur eine rote, betrunkene Nase,
Die Nase des Weltgeists;
Und um die rote Weltgeistnase
Dreht sich die ganze betrunkene Welt.«

Wilhelm Hauff besuchte Bremen im Rahmen einer »grande tour« durch Europa. Er wollte ehemalige Kommilitonen und Freunde wie den Bremer Notar Hermann Castendyk und den Senator Johann Gildemeister treffen, die ihn sogleich als »Fremden von Bedeutung« rühmten. Deshalb empfing ihn auch Bürgermeister Johann Smidt.

Wilhelm Hauff erfuhr von den Herren mancherlei Histörchen. Etwa die von dem sagenhaften Senator Walther, der den Schweden zeigt, wie trinkfest gestandene Bremer sind. Etwas Wahres ist sogar dran an dieser Geschichte, die zugleich das Herzstück von Hauffs so lesenswerter Erzählung *Phantasien im Bremer Ratskeller* ist. 1632 handelte Bremen gegen die Zusage von Geld und Hilfe den Schweden das Versprechen ab, die Hansestadt frei von Kontribution und Einquartierung zu lassen.

Wilhelm Hauffs Erzählung mehrte Bremens Bekanntheit, und der Ratskeller sagt laufend Dank mit dem Hauffkeller, in dem der Künstler Max Slevogt (1868–1932) die *Phantasien* herrlich ausgemalt hat.

Hoffmann von Fallersleben (1798–1874) wusste nur zu gut, was bei einem Aufenthalt in der Hansestadt einfach dazu gehört: »Der Bremer Ratskeller durfte nicht unbesucht bleiben, auch wenn Wilhelm Hauff ihn nicht verherrlicht hätte.«

Heinrich Heine, Wilhelm Hauff, Karl Larsen und der Dichter des *Lieds der Deutschen* waren nun bei weitem nicht die einzigen berühmten Größen, die im Ratskeller dem Wein und anderem mehr zusprachen. Zu ihnen zählten nicht zuletzt August Strindberg, der bedrohliche Poet Peter Hille, Friedrich Engels – »oberster Poet im Bremer Ratskeller und privilegierter Zecher« – sowie die Komponisten Carl Maria von Weber, Johannes Brahms und Richard Wagner.

In vino veritas.

7. VOM MARKT ZUR KULTURMEILE

Vom Ratskeller sind es nur einige Schritte zu einem der in Bremen bislang unverzichtbaren Bratwurststände und zu Unser Lieben Frauen, der früheren Kirche des Rats. In diesem nach dem St.-Petri-Dom ältesten Sakralbau der Stadt musste nach schweren Zerstörungen im Zweiten Weltkrieg der Innenraum völlig neugestaltet werden. Seit 1979 verleihen die nach längeren Vorarbeiten fertig gestellten Glasfenster des französischen Malers Alfred Manessier (1911–1993) dem Kirchenraum eine einzigartige Atmosphäre.

In der Liebfrauenkirche wirkte in der zweiten Hälfte des 19. Jahrhunderts Pastor Cornelius Rudolf Vietor (1814–1897). Er war es, der eine gewisse Johanna Spyri dazu drängte, Geschichten für das *Bremer Kirchenblatt* zu verfassen. Nachdem sie 1880 und 1881 die beiden Bände ihres Erfolgsromans *Heidi* publiziert hatte, bekannte sie, sie hätte »selbst nicht« gewusst, dass sie eine Schriftstellerin werden könne, »bis Vietor in Bremen mich mit Drohungen zwang, ihm etwas für sein Blatt zu schicken. Ich schrieb ›Vrony‹ für ihn, da wurde ich eine Schriftstellerin genannt …«

Einige Schritte weiter über den Blumenmarkt ist am einstigen Verkehrsknotenpunkt Domshof von den Hotels, in denen Heine, Hauff und andere namhafte Leute nächtigten, nichts mehr zu sehen. Zwei mächtige gründerzeitliche Gebäude sowie der 2016 nach Plänen von Caruso St John Architects fertiggestellte mehrgeschossige Bau der ehemaligen Bremer Landesbank stechen ins Auge – letzterer dient inzwischen dem Fachbereich Rechtswissenschaften der Universität Bremen als Domizil.

Das Geschäft mit Produkten »Made in Bremen« lockt Einheimische und Touristen ebenso wie die mit Fug als kreativer Genussort gerühmte Markthalle Acht.

Der vormittags auf dem Domshof residierende Wochenmarkt bietet alles, was fürs Kochen und Schlemmen benötigt wird, und das Domshofcafé unter dem auf 16 Meter hohen Stahlsäulen befestigten großen Glasdach lädt zum Entspannen ein.

Echt seestädtisch wirkt der 1992 fertig gestellte große Neptun-Brunnen des Bildhauers Waldemar Otto (1929–2020). Der Meeresgott rast mit erhobenem Dreizack förmlich durch die Meereswogen. Sohn Triton bläst auf einer Trompete, der alte Gott Nereus sitzt zusammengesunken am Rand des unteren Beckens, von dem sich zwei Nixen zum oberen Becken hochziehen. Auch der zauberkundige Proteus ist mit von der Partie. Er steht hinter Neptuns Gefährt.

In einigen Schritten Entfernung liegt vor dem Brautportal des Doms der bei touristischen Führungen aufgesuchte dunkle viergeteilte Stein, auf den zu spucken in Bremen lange Sitte war. Er markiert angeblich den Ort, auf den im April 1831 der Kopf der letzten in Bremen öffentlich hingerichteten Person rollte. Enthauptet wurde auf dem Domshof damals vor 35.000 Schaulustigen die Bremerin Gesche Gottfried. Sie hatte ihre Eltern, Kinder, Ehemänner und Freundinnen – insgesamt 15 Personen – tödlich vergiftet. Rainer Werner Fassbinder stellte sie 1971 in seinem Stück *Bremer Freiheit* als Opfer vielfältiger männlicher und gesellschaftlicher Unterdrückung dar.

Zum Reich von märchenhaftem Ruhme gehört auch die Domsheide, ein von monumentaler Gründerzeitarchitektur geprägter Knotenpunkt von Bussen und Straßenbahnen. Dieser geschichtsträchtige Platz gehörte einst zum Dombezirk und war bis zum Beginn des 19. Jahrhunderts für die bürgerliche Bebauung gesperrt. 1878 öffnete schließlich die im Stil der Neorenaissance errichtete Reichspost ihre Schalter, 1898 kam das monumentale Gerichtsgebäude hinzu und 1928 – sozusagen außerhalb gründerzeitlicher

Domsheide mit Gustav-Adolf-Denkmal und Gerichtsgebäude.

Konkurrenz – das Konzerthaus Die Glocke. Es steht in einer weit zurückreichenden Tradition bremischer Logen- und Gesellschaftshäuser und besticht außen durch den expressiven gotischen Treppengiebel und innen durch hohen Detailaufwand im Stil des schlichten Art Deco.

Die hervorragende Akustik des Konzerthauses ist unbestritten. Der 1989 verstorbene Dirigent Herbert von Karajan zählte Die Glocke zu einem der besten Konzertsäle Europas und die 2011 verstorbene Opernsängerin Dame Margaret Price schwärmte: »Die Glocke ist für Sänger der beste Saal der Welt!«

Bremen hat als eine der Musikhochburgen Deutschlands wohltönende philharmonische und kammermusikalische Hörvergnügen zu bieten. Wie sich die Zuhörenden bei Konzerten verhalten, spießte 1872 der Jurist Albert Hermann Post (1839–1895) in anonym publizierten Versen unter dem Titel *Bremer Leben* treffend zeitlos so auf:

»Mühsam lassen sie das Plappern,
Bis der letzte Ton vorbei ist,
Und man sieht's an den Gesichtern
Daß es Alles einerlei ist.
Doch kommt eine Harfenistin,
Jung und etwas ausgeschnitten,
Ei! Das ist schon etwas Andres,
Die ist immer gern gelitten …«

Die mit zahlreichen Allegorien geschmückte Fassade des Gerichtshauses muss all denen, die ungewöhnliche Symboliken schätzen, eine Sünde wert sein. Kein Scherz, hier wird ein Ausbrecher mit den Worten »Es lebe die Freiheit!« dargestellt. An der langen, die Ostertorstraße prägende Front ermahnt die Sanduhr mit dem Totenkopf, Zeitenlauf und Vergänglichkeit nie aus dem Auge verlieren.

Das trutzburgige ehemalige Polizeihaus am Wall wird längst nicht mehr von Uniformen, sondern von Bücherrücken beherrscht, es ist der Sitz der Öffentlichen Zentralbibliothek. Sie verfügt neben zeitgemäßen Multimediaangeboten auch über eine reich ausgestattete Krimibibliothek.

Im Erdgeschoss lohnt der Besuch der als Dreh- und Angelpunkt zwischen dem Zentrum und der Kulturmeile angesiedelten Wache 6 mit ihrer – so verspricht es die Werbung – vortrefflichen kulinarischen Vielfalt. Die Spannbreite reicht von Kaffee-, Fisch- und Suppenspezialitäten über französische Backwaren bis zu Tortillas, Burritos und Tacos.

Hinter der kleinen Toreinfahrt an der Buchtstraße liegt ein Innenhof, der im Frühjahr 1945 als Lagerstätte für Munition diente. Als sie im Juni explodierte, riss sie 47 Menschen in den Tod. In dem Roman *Die dunkle Arena* von Mario Puzo heißt es:

»Kurz vor Mittag … war das Polizeipräsidium in die Luft geflogen. … Immer noch strömten deutsche Beamte mit staubbedeckten Gesichtern und Kleidern aus dem Haupttor. Einige Frauen, die offenbar einen Schock erlitten hatten, weinten hysterisch. Die Polizei bemühte sich, eine Menschenmenge vom Gebäude fernzuhalten.«

Mario Puzo (1920–1999) gehörte zu den Besatzungssoldaten in der Hansestadt. Nicht nur bei ihm erwies sich Bremen als Nährboden für eine große Karriere – sein Bestseller *Der Pate* machte ihn später weltbekannt.

Gegenüber der Zentralbibliothek bettet sich die von einem privaten Verein und Mäzenen getragene, international geschätzte Bremer Kunsthalle mit einem beeindruckenden Kupferstichkabinett ins Grün der Wallanlagen. Sie bildet den Auftakt der ins trendige Ostertor-Viertel reichenden Museumsmeile.

In der 1849 eröffneten Kunsthalle hängen viele eindrucksvolle Klassiker der Moderne, die ab 1905 unter der Leitung des langjährigen Kunsthallendirektors Gustav Pauli (1866–1938) erworben wurden. Wie sachverständig und weitsichtig die in Bremen durchaus umstrittene Ankaufspolitik von Pauli war, belegen die ausgestellten Meisterwerke der Maler und Malerinnen Liebermann, Manet, Monet, Modersohn-Becker, Renoir, Rodin, Corinth – vom 1911 erfolgten Ankauf des *Mohnfeldes* von van Gogh ganz zu schweigen. Gustav Paulis Frau Magdalena (geb. Melchers) publizierte unter dem Pseudonym Marga Berck die viel gelesene und von Radio Bremen verfilmte Romanze *Sommer in Lesmona*.

Am Stadtgraben stehen sich ein klassizistisches Akzisehaus und eine Wache aus den Jahren 1825 und 1828 gegenüber. Sie sind so etwas wie die bremische Interpretation von Schinkels Neuer Wache. Das Akzise- beziehungsweise Zollhaus dient heute als Museum für moderne und zeitgenössische Bildhauerei in Bremen und ist nach Gerhard Marcks (1889–1991) benannt, weil es einen großen Teil seines Lebenswerkes verwahrt.

Die Freiplastik *Bremer Stadtmusikanten* des Bildhauers steht bekanntlich beim Rathaus.

Die frühere Ostertorwache gegenüber dient seit 1998 als Design-Zentrum und betreut den Nachlass des gebürtigen Bremers Wilhelm Wagenfeld (1900–1990). Der einflussreiche Akteur der modernen Produktgestaltung hatte als einziger Schüler des Bauhauses in Weimar den Weg in die Großindustrie beschritten. Einige seiner über sechshundert Entwürfe sind Design-Klassiker und werden nach wie vor hergestellt. Etwa die Leuchte »WG24«. Wagenfelds Credo von der »schönen und nützlichen Form« ist in der Ostertorwache gut umgesetzt worden: Helle Edelhölzer, matt polierter Stahl und eine sorgsame Beleuchtung prägen das Design-Zentrum im Obergeschoss.

Die ursprüngliche Wache mit den markanten Säulen diente lange zusätzlich als Detentionshaus (Detention = Haft, Gewahrsam). Das wird schaurig deutlich in dem in seiner Ursprünglichkeit bewahrten und zum Mahnmal umfunktionierten Zellentrakt im rechten Seitenflügel. Fünf Gefängniszellen sind erhalten geblieben, die nicht zuletzt daran erinnern, dass hier zahlreiche Häftlinge den seelischen Belastungen des Gefangenenalltags nicht standhalten konnten.

Im 19. Jahrhundert schmachteten in den Zellen auch Frauen. Die Giftmörderin Gesche Gottfried saß in einer der Zellen ebenso ein wie die Schriftstellerin und Mitbegründerin des Bremer Frauen-Erwerbs- und Ausbildungsvereins, Marie Mindermann (1808–1882). Sie hatte sich 1848 in anonym herausgegebenen Streitschriften für den als Vorkämpfer radikaler Demokratie wirkenden Pastor Rudolph Dulon (1807–1870) eingesetzt, heftig den autokratischen Bremer Senat kritisiert und uneingeschränkte Pressefreiheit gefordert.

Die Kellerräume der Ostertorwache, die bis 1996 als Abschiebehaftanstalt fungierte, nutzte während der Nazizeit die Bremer Gestapo zur Unterbringung hunderter politisch verfolgter Männer und Frauen, die von hier aus dann zu Verhören abgeholt oder in Konzentrationslager deportiert wurden. In der Dokumentationsstätte wird umfassend über die Themen Gefangensein, Willkür und Ungewissheit informiert.

Die Skulptur *Freiheitskämpfer* von Fritz Cremer (1906–1993) steht neben der Wache an der frischen Luft. Der Bildhauer schuf ihn 1947 »als die erste Arbeit nach der Nazi-Höllenfahrt«.

8. DIE HEIMLICHE HAUPTSTRASSE

Den Gewinnen aus dem Kaffee geschuldet, erstreckt sich vom Schütting bis zur Martinistraße die in den 1920er Jahren baulich neu gewandete Böttcherstraße. Die 110 Meter lange »heimliche Hauptstraße« ist aus dem »Quartier latin von Bremen«, wie der Dichter Peter Hille diese Gegend nannte, nicht wegzudenken. Sie hieß in grauer Vorzeit Hellinchstrate und bezeichnete einen Schiffbauplatz; später diente sie als Arbeitsstätte der Tonnenmacher, der Böttcher; inzwischen beeindruckt sie mit ihrem Architektur-Ensemble.

Böttcherstraße

Die historisierenden und avantgardistischen Baustile der von den Architekten Scotland & Runge sowie dem Bildhauer und Architekten Bernhard Hoetger entworfenen und dann neu erbauten Gasse sind beeindruckend. Der Bauherr hieß Ludwig Roselius (1874–1943). Er war ein ebenso cleverer bremischer Kaufmann wie großer Kunstförderer. »In diesem Sproß aus einer alten protestantischen Pastorenfamilie haben Sie einen lebendigen Menschenfresser vor sich«, charakterisierte ihn Theodor Plivier in der 1947 publizierten *Deutschen Novelle*:

»Und da ist alles: Kaffee, Politik, Frauen, Schiffswerft, Baumwolle, natürlich Spionage, Amerikafeind, Bewunderer Wilhelm II., Verehrer Friedrich Eberts, Wohltäter von Witwen und Waisen, Kunstmäcen. Aber wenn ich Kaffee sage, ist es Kaffee Hag, und er holt die Millionen aus dem Koffein, das er dem Kaffee entzieht.«

Ein Verehrer Hitlers war Ludwig Roselius auch. Die Nazis fanden allerdings wenig Gefallen an ihm und seiner avantgardistischen Gasse. Goebbels sprach vom »Böttcherstraßendreck«, und Roselius konnte den geplanten Abriss nur verhindern, weil er sie flugs zum »Museum entarteter Kunst« erklärte. Zerstört wurde die Böttcherstraße dennoch – durch heftige Bombentreffer.

In der Nachkriegszeit wurde diese erste deutsche Fußgängerzone fast getreu wiederhergestellt. Auch das seit 1936 über ihrem Eingang gülden leuchtende Bronzerelief Der Lichtbringer von Bernhard Hoetger (1874–1949) zieht seitdem wieder Blicke, aber auch Kritik auf sich. Es zeigt einen Mann mit Schwert, der vom Sonnenlicht umstrahlt wird. Unter ihm sind mehrere kleine Menschenfiguren zu erkennen, die die Hand zum Gruß heben. Hoetger zufolge sollte der Mann Adolf Hitler darstellen, der Licht über seine Untergebenen bringt. In der Tat favorisierte der Künstler wie sein Mäzen Ludwig Roselius den Nationalsozialismus und versuchte die NSDAP, der er 1934 beigetreten war, für seine damals als völkisch-nordisch bezeichnete Kunst zu gewinnen. Vergeblich. Als Hitler 1936 Hoetgers Werk öffentlich als »entartet« brandmarkte, wurde der Bildhauer aus der Partei ausgeschlossen.

Unter den Sehenswürdigkeiten der mit kleinen Läden, Kunsthandwerkstätten und Gaststätten aufwartenden Böttcherstraße leuchtet im

Haus Atlantis der Himmelssaal auf – und damit einer der weltweit beeindruckendsten expressionistisch gestalteten Innenräume. In einem nicht minder beachtlich expressionistisch gestalteten Museum ist die ständige Ausstellung von Werken der in Bremen aufgewachsenen Malerin Paula Modersohn-Becker (1876–1907) mehr als einen Besuch wert. Sie war eine der bedeutendsten Vertreterinnen des frühen Expressionismus.

Während das Roseliushaus Einblicke in den Lebens- und Wohnstil der Bremer Patrizier in Mittelalter, Renaissance und Barock gewährt, versetzen im Robinson Crusoe Haus sechs große Bildtafeln des Künstlers Theodor Schulz-Walbaum den Betrachter auf eine einsame Insel (auf der letzten winkt natürlich der rettende Bremer Hafen). Und wie heißt es nicht gleich in der deutschen Übersetzung des 1719 in London publizierten Werks *The Life And Strange surprizing Adventures of Robinson Crusoe* im ersten Absatz? »Ich wurde im Jahr 1632 in der Stadt York geboren, von guter Familie, die aber nicht aus diesem Land stammte, denn mein Vater war ein Ausländer aus Bremen.«

Die von Daniel Defoe (um 1660 bis 1731) verfasste Geschichte des Robinson Crusoe diente den Kindern hiesiger Kaufleute schon deshalb als willkommene abenteuerliche Unterhaltung, weil sie sich mit dem Aufbruch des Sohns eines Bremers in die Fremde, der vor seiner Rückkehr dort auch noch sein Glück gemacht hatte, wunderbar identifizieren konnten. Ein solches Schicksal stand ihnen womöglich ja auch noch bevor.

Nicht zu vergessen das Haus des Glockenspiels. Hier hängen zwischen den Giebeln zweier ehemaliger Lagerhäuser dreißig Glocken aus Meissener Porzellan, die zwischen 12 und 18 Uhr zu jeder vollen Stunde einen Reigen von zehn volkstümlichen Melodien erklingen lassen (Vom Januar bis März nur dreimal am Tag.). Parallel erscheinen in dem seitlich gelegenen Turm auf geschnitzten Holztafeln zehn Darstellungen von Atlantiküberquerungen auf dem Wasser und in der Luft. Die Überwindung des Ozeans war für die Handelsstadt Bremen schließlich von großer wirtschaftlicher Bedeutung.

9. SAGENHAFT FAUL SEIN …

Während die von den Brüdern Grimm popularisierten märchenhaften *Bremer Stadtmusikanten* den Menschen in aller Welt ein Begriff sind, haben die sagenhaften *Sieben Faulen* bislang noch keinen internationalen Ruhm für Bremen eingespielt. Aber was nicht ist, kann ja noch werden – das Chillen findet schließlich immer mehr Anhängerinnen und Anhänger.

Vorsichtshalber sind jenen sieben jungen Männern, von denen nun die Rede sein soll, fast so viele Denkmäler in der Hansestadt gesetzt worden wie den Stadtmusikanten. In der Böttcherstraße sind sie gleich zweimal vertreten – als unübersehbare Giebelfiguren des Hag-Hauses sowie auf dem Brunnen im Handwerkerhof. Die zum neuen Sendesitz von Radio Bremen im Stephaniviertel führende Faulenstraße gab es freilich schon, als der bereits erwähnte Bremer Hauslehrer Friedrich Wagenfeld neben weiteren frei erfundenen Sagen die von den *Sieben Faulen* in die Welt setzte.

Wagenfeld, das nur am Rande, hatte 1836/37 mit der Herausgabe der *Sanchuniaton-Chronik* in der gelehrten Welt Deutschlands und Europas eine Zeit lang große Aufmerksamkeit erregt; allerdings wiesen ihm die Forscher schließlich nach, dass sie seiner Fantasie entsprungen war. Die Fälschung, die anfänglich selbst gewiefte Orientalisten täuschte, bewies jedoch zugleich, dass der Bremer über ein ungewöhnlich großes Sprachtalent verfügte.

Friedrich Wagenfelds fantastische Sage von den *Sieben Faulen* berichtet von einem Bauern, dessen Land in alter Zeit von der heutigen Faulenstraße bis hinunter zur Weser reichte. Es hatte zwar einen erheblichen Umfang, war aber nass und schlecht, und der arme Landmann musste sich ziemlich abrackern, um seine Frau und die sieben Söhne satt zu kriegen. Die Brüder genossen in der Nachbarschaft zudem keinen guten Ruf:

»Sie schlenderten den ganzen Tag umher, schauten ins Wasser und sahen nach Wind und Wetter, und wenn sie am Mittage nach Hause kamen, hatten sie Hunger wie die Wölfe …«

Und als sie eines Tages aus Langeweile nach Arbeit suchten, wollte sie niemand einstellen – die erwerbstüchtigen Pfeffersäcke schon gar nicht. Den Brüdern blieb nichts anderes übrig, als ihr Glück in der Fremde zu suchen.

Als die jungen Männer nach einigen Jahren wieder nach Bremen zurückkehrten, rieben sich die Nachbarsleute verwundert die Augen. Denn die sieben rackerten plötzlich, was das Zeug hielt. Sie legten Dämme an, entwässerten das feuchte Land, bauten eine Scheune und je ein schönes Haus für sich und ihre Bräute. Waren aus ihnen etwa hart schuftende Männer geworden?

Aber nicht doch: Die *Sieben Faulen* sorgten vielmehr gezielt und findig für eine immer höhere Produktivität, um bald »ohne Mühe den reichen Segen« ihrer »Tücke und Arglist« genießen zu können. Weil sie zu faul waren, immer wieder hinter ihren Tieren herzulaufen, legten sie Hecken an; weil sie zu faul waren, nach jedem Regenguss stecken gebliebene Wagen aus dem Dreck zu ziehen, pflasterten sie die Straße; weil sie zu faul waren, das Wasser aus der Weser zu holen, legten sie einen Brunnen an; weil sie zu faul waren, weite Wege zu einem Wald zurückzulegen, pflanzten sie Linden vor ihre Häuser und so weiter und so fort.

Kurz, Bremischer kann eine Erfolgsgeschichte nicht sein. Die *Sieben Faulen* verdeutlichen, dass Arbeit nur dazu dient, viel Raum für Kreativität, Fantasie, Kultur- und Naturgenuss zu ermöglichen; sie verdeutlichen darüber hinaus, dass zum Bremer Leben schon aus Selbsterhaltungsgründen vorausschauendes und den gesellschaftlichen, kulturellen und wirtschaftlichen Wandel antizipierendes Handeln gehört. Was zu beweisen wäre.

Als die Bremer Verantwortlichen Anfang des 19. Jahrhunderts erkannten, dass die Festungsanlagen die Hansestadt nicht mehr vor fremden Mächten schützen konnten, ließen sie kurzerhand Bastionen und Mauern abreißen. Weil sie zu faul für elend lange Wege ins Grün waren, verfügten sie die Anlage der nach englischem Vorbild kultivierten Wallanlagen, um zu jeder genehmen Zeit in Muße promenieren und ein maritimes Lüftchen genießen zu können.

Als die Stadt dann rasend schnell wuchs und in den Vorstädten neue Wohnviertel entstanden, gründeten Bremer Vereinsmeier 1865 das *Comité für die Bewaldung der Bürgerweide* und schufen den Bürgerpark, weil

Die Bürgerweide

sie zu faul waren, für einen erholsamen Waldspaziergang zum weit entfernten Hasbruch fahren zu müssen.

Als die binären und nicht-binären Bremer Persönlichkeiten zu faul wurden, die Bilder großartiger Malerinnen und Maler weit entfernt in Paris, Amsterdam, Berlin, München oder auch Worpswede zu betrachten, sorgten sie mit Spenden für den Bau der zu einer Schatztruhe avancierenden Bremer Kunsthalle. Und als sie die Liebe zu exotischen Gewächsen packte und sie sich zu faul fühlten, dafür unnötig auf weite Reisen zu gehen, betrieben sie die Einrichtung des heute weltweit gewürdigten Rhododendron-Parks. Ach ja. Als die bremischen Fußballfans genug vom ewigen Deutschen Meister Bayern München hatten, jubelten sie den SV Werder Bremen in die Form einer Spitzenmannschaft, weil sie zu faul waren, für legendäre Wunderspiele weiter als bis zum Weserstadion pilgern zu müssen.

Weil die Bremer zu faul sind, stumpf an überkommenen Praxen festzuhalten oder bei wirtschaftlichen Problemen in hektische Aktivitäten zu verfallen, stellen sie sich seit jeher nicht auf irgendeinen Boden der Tatsachen, sondern probieren Neues. Die Wege in der Hansestadt lassen sich schon deshalb viel besser als in vergleichbaren Großstädten mit dem Fahrrad zurücklegen, weil die Bremer schlicht zu faul sind, das Klima unnötig zu erwärmen. Allerdings geraten die nicht minder klimaschonenden zu Fuß Gehenden dabei irgendwie zunehmend unter die Räder.

Als Ende des 19. Jahrhunderts kein größeres Seefrachtschiff mehr die versandete Weser heraufkommen konnte und die Bremer zu faul waren, für jede kleine Ladung Tabak oder Baumwolle extra in Bremerhaven vorstellig zu werden, ließen sie von Ludwig Franzius den Fluss vertiefen und legten nahe der Altstadt umfangreiche neue Hafenbecken an. Ab 1884 und bis 1964 entstanden die Freihäfen I und II (Europa- und Überseehafen), der Holz- und Fabrikenhafen, die Industriehäfen, der Hohentors- und der Neustädter Hafen. Als Ende des 20. Jahrhunderts das Säkulum des Stückgutumschlags von den Containern beendet worden war und die alten Freihäfen kein Schiff mehr kommen sahen, waren die Bremer Verantwortlichen zu faul, darüber allzu viel Aufhebens zu machen. Sie ließen den Überseehafen zuschütten, deklarierten den Europa- zum Sporthafen um und initiierten für die nutzlos gewordenen Hafenreviere eines der größten städtebaulichen Projekte Europas: die Überseestadt nebst Überseeinsel.

Bremen ist eine so weltbekannt märchenhafte wie in Insiderkreisen als sagenhaft gerühmte Stadt. Eine Hansestadt zumal, in der wie in keiner zweiten zwei recht kurze literarische Texte – ein Märchen und eine Sage – die Stiftung einer Vielzahl von Denkmälern bewirkt haben. Eine Metropole zumal, in der – wahrlich ungewöhnlich – ein erfolgreiches Team von Hausbesetzern ebenso wertgeschätzt wird wie ein nicht minder erfolgreiches Team von schöpferisch-faulen Rationalisierern.

So gesehen verwundert es nicht weiter, dass ausdrücklich mit Bremen einer der herausragenden deutschen Literaturpreise verbunden ist – mit Berlin, München oder Hamburg wird jedenfalls niemand den seit 1954 vergebenen *Bremer Literaturpreis* in Verbindung bringen. Er wurde übrigens von einigen Frei- und Sozialdemokraten initiiert, die der »Unsinnigkeit der Legende, dass Bremen eine amusische Stadt der Pfeffersäcke sei«, einen nachhaltigen Dämpfer versetzen wollten.

Wie zielsicher die wechselnde Jury seitdem ihrer Aufgabe nachgekommen ist, zeigt sich schon daran, dass drei der von ihnen bis 2010 gekürten Autorinnen und Autoren nach dem Literatur- beziehungsweise Förderpreis der Freien Hansestadt Bremen den Literaturnobelpreis erhielten: Elfriede Jelinek, Herta Müller und Peter Handke. Eigentlich sogar vier, denn 1959 sollte Günter Grass dem einstimmigen Beschluss der Jury zufolge den Bremer Literaturpreis für *Die Blechtrommel* erhalten. Er erhielt ihn de facto aber nicht, weil der damalige Bremer Senat die Vergabe wegen sittlich-moralischer Bedenken ablehnte.

Dieser Aufsehen erregende Vorgang zeitigte mehrere Konsequenzen. Namhafte Mitglieder der Jury traten zurück, der Bremer Literaturpreis 1959 wurde nicht verliehen, und die Stadt zog das Gespött der Feuilletons auf sich. Weil es dem Senat schließlich gelang, aus Fehlern klug zu werden, sorgte er 1961 dafür, dass die nach dem gebürtigen Bremer Autor benannte Rudolf-Alexander-Schröder-Stiftung fortan den Bremer Literaturpreis in voller Souveränität vergeben konnte.

Nachdem so einiges Gras über die Sache gewachsen war, bat 1976 der Stiftungs-Vorstand Günter Grass, in die Jury einzutreten. »Ich habe doch ein wenig auf den Stockzähnen lächeln müssen, als ich über diese Bremer Form von ›Wiedergutmachung‹ las« – kommentierte der bekennende Sozialdemokrat das Geschehen. Er nahm den Ruf in die Jury an, trat aber bereits nach zwei Jahren wieder aus.

Wer nun glaubt, damit hätte die Causa Günter Grass ihr Bewenden gehabt, kennt die anlassorientierte Sturheit gewisser weserhanseatischer Institutionen und Persönlichkeiten schlecht. Nachdem Grass 1999 den Nobelpreis für Literatur erhalten hatte, dauerte es kein Jahr, da hoben die Freie Hansestadt Bremen, Radio Bremen, die Sparkasse Bremen und einige Unternehmer die Günter-Grass-Stiftung Bremen aus der Taufe, die seitdem als Medienarchiv und rezeptionsgeschichtliche Forschungsstelle fungiert – schließlich gibt es von keinem anderen deutschen Schriftsteller bislang so viele Radio-, Fernseh- und Tonträgeraufnahmen.

Der märchen- und sagenhafte Ruf Bremens in allen Ehren – er tönt eigentlich nur wirklich überzeugend, wenn der schwankhafte mitberücksichtigt wird. Die Rede ist vom seit 1515 auf Oberdeutsch unters Volk gekommenen Buch *Ein kurtzweilig Lesen von Dil Ulenspiegel geboren uss dem Land zu Brunsswick.* Die erste, teilweise erhaltene Auflage des berühmtesten und langlebigsten aller deutschen Volksbücher erschien bereits 1510/11 in Straßburg. Es enthält (in der Hermann Bote zugeschriebenen Fassung) 96 Historien, in denen schadenfrohe Bürger, der Klerus und Kaufleute mit Spott überzogen werden.

Till Eulenspiegel war ein Bauernsohn aus Fleisch und Blut. Er stammte aus dem Braunschweiger Land, wollte kein rechtes Handwerk erlernen und wurde von vielen wegen seines schonungslosen Spotts gefürchtet. Er trug auffallende Kleidung und erwies sich als sozialkritischer Meister darin, Geistliche, hochmütige Bürger und Vertreter der Zünfte zu foppen und daran seinen Spaß zu haben.

Obwohl Till Eulenspiegel 1350 in Mölln gestorben sein soll, beziehen sich die Streiche in den überlieferten Historien auch auf spätere Tage im Bruch zwischen Mittelalter und Neuzeit – Schwänke entspringen nicht zufällig in Umbruchzeiten.

Eulenspiegels Wanderungen führten ihn in viele Orte Deutschlands und der Nachbarländer. Er war in Antwerpen und Rom, in Einbeck, Lübeck, Rostock, Leipzig, Mölln und weiteren Städten mehr. Während jedoch etwa Hamburg nur in eine Historie eingegangen ist, spielen drei der Eulenspiegeleien absolut sicher und eine sehr wahrscheinlich in Bremen.

In keiner anderen Stadt hielt sich der Narr so oft und gern auf wie in der Wesermetropole. Was Wunder, denn in »der Stat Bremen zu Bremen waz so, das ihnn die Bürger wol leiden möchten unnd ihn in allen Schimpffen haben wollten«.

Folgende »seltzame unnd lächerlich Ding« trieb Till Eulenspiegel in Bremen:

»Die 70. Histori sagt, wie Ulenspiegel zu Bremen Milch koufft von den Landfrauwen und sie zusamenschütet.«

Nachdem die Bäuerinnen des Bremer Landes dem Narren sämtliche Milch in einen Bottich gegossen haben, sagt er bedauernd, er habe leider doch kein Geld und fordert sie auf, ihre Milch wieder aus dem Zuber zu holen. Großes Gezänk ist die Folge.

»Die 72. Histori sagt, wie Ulenspiegel zu Bremen seinen Gästen den Braten uß dem Hindern bedrosst, den niemans essen wolt.«

Eulenspiegels Gäste weigern sich von einem Braten zu essen, den er mit Butter aus seinem Hinterteil beträufelt hat. Neuerdings wird die Lesart verbreitet, der Streichemacher habe den Bremer Kaufleuten den Braten des Schaffermahls versaut. Ein Schelm, wer Wahres dabei denkt. Die 1545 gegründete Stiftung der Armen Seefahrt veranstaltete eine Schaffermahlzeit im heutigen Sinn schließlich erst ein halbes Jahrhundert nach den Erstdrucken des Dil Ulenspiegel, konkret nach 1561, als es üblich wurde, dass die Schaffer zum Essen einluden.

»Die 87. Histori sagt, wie Ulenspiegel macht, das ein Frauw alle ihr Häffen entzweischlug uff dem Marckt zu Bremen.«

Es handelt sich um eine Wette mit dem Bischof – womöglich mit dem ab 1497 waltenden Johann III. (um 1445–1511), der zweite und letzte Bürgerliche, der in Bremen ins kirchenfürstliche Amt kam. Der Bischof glaubte Eulenspiegel nicht, dass eine Marktfrau ihre Tontöpfe zerschlagen würde. Sie tat es jedoch wider Erwarten (weil der Streichemacher ihr zuvor den Schaden heimlich ersetzt hatte), und Eulenspiegel kassierte dafür vom Bischof die vereinbarten dreißig Gulden und einen fetten Ochsen.

»Die 73. Histori sagt, wie Ulenspiegel in einer Stat, inn Sachssenland gelegen, Stein sähet. Darumb er angesprochen ward und er antwurt, er sägt Schälck.«

Mit der in der Geschichte »zu der Weßer« gelegenen Stadt könnte Bremen gemeint sein, die Entfernungsangaben legen das nahe. Die 73. Historie ist so gesehen die vierte in der Hansestadt spielende. Eulenspiegel verunglimpft in ihr nachgerade die Bürger und Ratsleute, fast sämtlich »Kouflüt« – also eine Gemeinschaft von »Schälken«, wie unehrenhafte und betrügerische Leute betitelt wurden (im Klartext: Wirtschaftskriminelle).

In Deutschland erinnern um die sechzig Denkmäler an Till Eulenspiegel. Die Hansestadt Bremen, in der der Narr so gern seinen Schabernack trieb und »ser gelobt in seiner Schalckheit ward«, hat keines. Gewiss, an dem gegenüber dem Dom liegenden Flügel des Neuen Rathauses befindet sich unterhalb eines vergitterten Fensters ein – allerdings nur bei genauem Hinschauen erkennbares – kleines Relief des berühmten Schelms. Aber hätte *Dil Ulenspiegel* in der Hansestadt nicht endlich so ansehnlich ehrende Denkmale wie die *Bremer Stadtmusikanten* und *Sieben Faulen* verdient?

Einem Bremer Kulturverein gebührt die Ehre, ein knappes Jahrzehnt lang an den Spaßmacher erinnert zu haben. Mit dem – undotierten – »Till-Eulenspiegel-Satire-Preis« der Musical-Company und des Bremer Waldau-Theaters wurden namhafte Personen ausgezeichnet, darunter die beiden mit der Hansestadt und dem Sender Radio Bremen eng verbundenen Könner ihres Fachs: Rudi Carrell und Viktor von Bülow, alias Loriot. Der 2011 verstorbene feinsinnige Humorist Loriot nahm den Preis 2002 in Bremen »nicht ohne neidvolle Beklommenheit« für sein Lebenswerk entgegen. Denn der Narr, so fügte er hinzu, beschere den Menschen schließlich seit siebenhundert Jahren die Jugend und altere selbst nicht.

10. WESER- UND SCHLACHTEZAUBER

Die Weserpromenade an der Schlachte führt flussabwärts zur Überseeinsel und zur Überseestadt, flussaufwärts zum im Spiegellicht der Sonnenlichtkollektoren glänzenden Weserstadion, wo Werder Bremens Fußballprofis mehr oder weniger siegreich ihre Bundesligaheimspiele bestreiten.

Von der Böttcherstraße führt der Weg durch einen Fußgängertunnel ans Weserufer. Hier fährt vom Martinianleger Bremens weiße Flotte in alle Richtungen.

Unüberhörbar ist das Glockenspiel der oberhalb der Promenade liegenden Pfarrkirche St. Martini. Alle drei Stunden ertönt tagsüber das Lied *Lobe den Herren, den mächtigen König der Ehren.* Geschrieben wurde es von dem Bremer Geistlichen Joachim Neander (1650–1680), der in der sogenannten »Ollermannskarken« ab 1679 als Hilfs- und Frühprediger wirkte.

Neben der alten Seefahrer- und Kaufmannskirche stand früher ein Pfarrhaus, das der Flussbefestigung weichen musste. Ab dem Sommer 1838 bot es dem aus Barmen kommenden Friedrich Engels (1820–1895) Unterkunft. Sein Vater, ein begüterter, streng pietistischer Baumwollfabrikant, hatte für ihn eine kaufmännische Ausbildung in Bremen vorgesehen, und Friedrich fügte sich seinem Wunsch.

Gleich gegenüber von St. Martini, im Hause des Großhandelskaufmanns und königlich-sächsischen Konsuls Heinrich Leupold an der Martinistraße, nahm der junge Mann die Welt vom »Kontorbock« aus in Augenschein und arbeitete sich in den Leinengroßhandel, das Importgeschäft mit Kaffee und Zigarren und in gesellschaftspolitische Themenfelder ein. Zugleich begann seine wahrlich weltbewegende publizistische Karriere als Journalist für führende Zeitungen. Allerdings unter dem Pseudonym Friedrich Oswald, wovon aber niemand etwas erfuhr. Für seine einige Jahre später mit Karl Marx aufgenommene Zusammenarbeit erwiesen sich die in Bremen gewonnenen Erfahrungen und ökonomischen Kenntnisse von großem Nutzen.

Das Kontorhaus Martini No. 11, in dem Engels ein- und ausging, wurde 1897 abgebrochen. Die Rokokofassade aber blieb erhalten. 1965 wurde sie, einem Fremdkörper gleich, vor die ersten beiden Geschosse eines Büroneubaus direkt gegenüber der Martinikirche gesetzt. Eines der wenigen vom Zweiten Weltkrieg halbwegs verschonten Kontorhäuser steht in der Langenstraße 28. Das um 1630 im Stil der Weser-Renaissance errichtete Gebäude erhielt später einen Rokokogiebel und Ausluchten. Es gehört zu den am schönsten erhaltenen und steht unter Denkmalschutz. Die zweigliedrige barocke Treppenanlage mit dem als Holztuch bezeichneten wundervollen Treppenschmuck ist die einzig erhaltene ihrer Art in der Hansestadt.

In Schillers *Xenien* heißt es über die Weser:

»Leider von mir ist gar nichts zu sagen, auch zu dem kleinsten Epigramme, bedenkt! geb ich der Muse nicht Stoff!«

Offenbar belebten auch früher spöttische Fehleinschätzungen das literarische Geschäft. Wo heute an der Schlachte entlang des Flusses eine Flanier- und Gastromeile für Trubel, Heiterkeit und Schlachtezauber sorgt, legten bis zum Ausbau der Freihäfen in den 1880er Jahren die vollgeladenen Lastensegler an, die mit wenig Tiefgang aufwartenden Weserkähne. Ursprünglich lag die als Hafenanlage dienende »Slagde« außerhalb der Stadtmauern und war nur durch bewachte Schlachtpforten zu erreichen. Während sie Bremen über die Meere mit aller Welt verband, wurde nach und nach das gesamte städtische Weserufer mit markanten, hohen Packhäusern bebaut.

1776 bestand für Karl Philipp Moritz beziehungsweise seinen Romanhelden *Anton Reiser* der »sehnlichste Wunsch« darin, »die Türme von Bremen« zu erblicken:

»Der Anblick der Weser – der Schiffe einer Handelsstadt – beschäftigten seine Seele im Wachen und im Traume.«

Zu jener Zeit lebten in der durch Festungsgräben, Bastionen und Stadtmauern eingehegten und nur durch überwachte Tore betretbaren Freien Reichsstadt rund 30.000 Seelen. Immerhin war die Altstadt in der ersten Hälfte des 17. Jahrhunderts um die ebenso gut befestigte Neustadt am linken Weserufer erweitert worden.

Für den bremischen Handel, die Seefahrt und die Wirtschaft insgesamt zeichneten sich 1776 ungeahnte neue Chancen ab, denn in jenem Jahr

Das Weserufer im 17. Jahrhundert.

Die Martinikirche am Weserufer.

Boote an der Schlachte 1885.

erfolgte die Unabhängigkeitserklärung der Vereinigten Staaten. 1782 hatte zudem der Kaufmann Carl Philipp Cassel mit der Aussendung eines Segelschiffes die deutsche ostasiatische Seefahrt begründet. Der zugleich generell betriebene Ausbau der bremischen Handelsflotte kam den Werften zugute. Die Bremer Pfeffersäcke nutzten die sich bietenden neuen Handelsmöglichkeiten – 1795 machten sie im Überseegeschäft mit Nordamerika aus der Wesermetropole die führende deutsche Handelsstadt.

Die Fülle von Kolonialwaren, die am Bremer Uferhafen, an der Schlachte, bereits bei der Durchreise von Karl Philipp Moritz umgeschlagen wurden, stieg in der Folgezeit stetig an. Die Einfuhr von Baumwolle, Leinen, Kaffee, Tabak, Reis, Zucker und anderen Rohstoffen mehr erwies sich schon deshalb als lohnendes Geschäft, weil sie die Gründung von weiterverarbeitenden Betrieben – zunächst vor allem von Tabakmanufakturen – anstiftete. Die meisten Zigarrenmacherinnen und -macher lebten und arbeiteten während des 19. Jahrhunderts in der Neustadt – im Buntentor und in Arsten. An ihre schwere Arbeit erinnert eine bronzene Skulpturengruppe am Buntentorsteinweg. Sie wurde 1984 vom Bremer Bildhauer Holger Voigts modelliert.

Käme der Protagonist *Anton Reiser* in diesem frühen 21. Jahrhundert noch einmal zu Besuch in die Hansestadt, die »ihm schon durch den Klang so merkwürdig geworden« war, würde er vieles nicht mehr so vorfinden, wie es einmal war. Von den Befestigungsanlagen und Stadttoren des 18. Jahrhunderts ist nichts mehr zu sehen, der Uferhafen an der Schlachte dient nicht mehr dem Warenumschlag und von den vielen Packhäusern mit ihren typischen Flaschenzugdächern sowie den prächtigen Patrizierhäusern haben nur einige wenige den Zweiten Weltkrieg überstanden. Auch der jahrhundertelang als markantestes Wahrzeichen Bremens wahrgenommene Kirchturm der St. Ansgarii-Kirche zerfiel 1944 in Schutt und Asche (und wurde nicht wieder aufgebaut).

Heutzutage gibt es an der Schlachte – zumal, wenn sich die Sonne gnädig zeigt – kaum ein Durchkommen mehr; zur Weihnachtszeit beim Schlachte-Zauber allemal. Um 1840 war es hier auch nicht langweilig. Ein anonym publizierter zeitgenössischer Bericht verdeutlicht das eindrücklich:

»Hier ist alles Leben und Bewegung. Zwanzig Krahne sind in beständiger Bewegung. Tausende von Fässern und Ballen liegen hier aufgeschichtet, werden ein und ausgeladen. Arbeiter, Packknechte, Schiffsknechte, Rheder und Mäkler drängen sich durcheinander … Ein Wald von Masten, so weit das Auge reicht.«

Unterhalb der Ufermauer erinnern alte und historisch anmutende Schiffe wehmütig an die vergangenen Zeiten. So der aus dem 19. Jahrhundert stammende Nachbau der Fregatte *Admiral Nelson*, der Pfannkuchen aller Art auf der Speisekarte hat. Neben ihm liegt das Hotel- und Gastronomieschiff *Alexander von Humboldt*, eine Bark, die 1906 auf der Bremer Werft AG Weser zunächst als Feuerschiff vom Stapel gelaufen war. Die Motoryacht *Nedeva* wurde 1930 für Edward Townsend Stotesbury von der *New York Yacht Launch and Engine Co.* gebaut und verkörpert wie kaum eine andere den Lebensstil der High Society der 1920er und 1930er Jahre. Ein weiteres Kleinod ist der Dampfer *MS Friedrich* von 1880. Er ist

Das erste deutsche Dampfschiff »Weser«.

das älteste noch fahrende Schiff auf der Weser. Einigen Anschauungsunterricht vermittelt der Nachbau des Dampfschiffes *Weser* von 1816. Letzteres war – wie könnte es in Bremen anders sein – das erste von einem deutschen Schiffbauingenieur auf der Werft von Johann Lange am Alten Tief in Vegesack erbaute deutsche Dampfschiff. Der Nachbau der Hansekogge von 1380, die Roland von Bremen, soll eines Tages auch wieder an der Schlachte festmachen.

Zwischen großer und kleiner Weser liegt der auf einer Halbinsel angelegte Teerhof. Hier wurden früher die Schiffe kalfatert und werden heute in den Bürokästen Geschäfte und in den ziegelroten Wohnbauten zuweilen Nickerchen gemacht. In dem ehemaligen Werkgebäude einer Kaffeegroßrösterei ist seit 1991 auf über sechstausend Quadratmetern das erste europäische Sammlermuseum für zeitgenössische Kunst, das Neue Museum Weserburg, angesiedelt.

Auf der schmalen Teerhofbrücke kommt unweigerlich in Blick und Nase, dass Bremen über die Braustätte eines »Spitzen-Pilsener von Welt« verfügt – kurz: *Beck's*. Der weithin sichtbare Schriftzug an einem hohen Bürohaus im Hintergrund erhellt, warum von hiesigen Erzeugnissen nicht nur »Kennerdurst« gelöscht wird. Denn Bremen, so heißt es angelsächselnd in einschlägigen Kreisen, glänzt als »Capital of Branding«.

Nüchtern ausgedrückt gilt die hiesige Genuss- und Lebensmittelbranche als eine der ersten europäischen Adressen. So haben unter anderen *Anheuser-Busch InBev*, das *Deutsche Milchkontor, Frosta, Greenyard Fresh Germany, Jacobs Douwe Egberts, Melitta, Mondelez, Nordsee* und *Vitakraft* ihren Firmensitz und/oder ihre Produktionsstätten im Bundesland Freie Hansestadt Bremen.

Die Tradition der Bremer Bierbrauer reicht ins 13. Jahrhundert zurück, als an der Weser bereits weithin berühmte Exportbiere gebraut wurden. Ein bremischer Chronist meint sogar, man habe im Mittelalter an der See überhaupt von keinem anderen Bier zu sagen gewusst. Sicher scheint, dass zur Blütezeit der Hanse in sämtlichen ihrer Niederlassungen, also beispielsweise auch in England, Flandern, Holland, Dänemark und Norwegen, das Bremer Bier außerordentlich beliebt war. An der Tyske Brüggen in Bergen floss nachweislich das bremische Gebräu von allen ausländischen Bieren am meisten.

Zugegeben, nach dem Niedergang der Hanse verloren die Produkte der Bremer Braumeister bis Ende des 19. Jahrhunderts deutlich Marktanteile. Dann aber hoben sie das erste tropenfeste Bier der Welt aus der Maische und beglückten mit den erstmalig grünen Flaschen prompt die ganze Welt. »Beck's Bier löscht Kennerdurst in allen fünf Kontinenten« verkündete ihre Werbung vollmundig, und in der Tat stammte in den 1980er Jahren ein Drittel der gesamten deutschen Bierausfuhr aus der ehrwürdigen Hansestadt. Heute ist das nur deshalb schwerer zu behaupten, weil *Beck's* der Globalisierung gehorchend inzwischen nicht länger ausschließlich an der Unterweser gebraut wird. Dafür sind im Zuge des Craftbier-Bewegung etwa Schüttinger, die Union Brauerei und die Bremer Braumanufaktur aufgekommen und erfreuen sich wachsender Beliebtheit.

In einem Kontorgebäude an der Zweiten Schlachtpforte arbeitete im frühen 20. Jahrhundert Georg Kunoth (1863–1927) als Chefredakteur der Bremer Nachrichten. Kenner volkstümlicher Musik werden nun vor sich hin summen: *Ein Prosit, ein Prosit der Gemütlichkeit.* Im Weserstadion am östlichen Ende der Weserpromenade dringen hingegen die von den Fans intonierten Töne der Pet Shop Boys ins Ohr: *Steht auf, wenn ihr Bremer seid!*

Der »Schorse« gerufene Kunoth war wie der Autor und Richter Albert H. Post ein sensibler Kenner des Bremer Lebens. Während der Jurist beschrieb, was Patrizier nach dem Essen zu tun pflegen –

> »Darauf gähnt man und legt sich zu Bett.
> Ist doch solch ein Leben wundernett!«

– brachte der Komponist das allgemeine bremische Gefühl in dem immer noch allerorten angestimmten Trinklied auf den Punkt:

> »Ach, wie schön ist doch das Leben,
> wenn es schmückt Gemütlichkeit …«

Nach außen hin sichtbar wird die Gemütlichkeit – sogar an frostig kalten Tagen – an den Tischen beliebter Cafés und Bistros. Viele der Stühle sind mehr oder wenig ganzjährig mit Wolldecken bestückt, Wärmestrahler unter der Beschirmung sorgen bei Kälte für die Erhitzung der Gemüter oder Gehirnzellen.

Gleich hinter der Wilhelm-Kaisen-Brücke und des bei ihr vertäuten Theaterschiffes führt eine Treppe von der Uferpromenade nach oben zur Straße.

Neben ihr fügt sich das erste deutsche Arisierungs-Mahnmal in das Mauerwerk der Brücke ein. Es thematisiert auf Initiative von Henning Bleyl hin die Enteignung, den Abtransport und die Verwertung jüdischen Eigentums. Ein Fenster gewährt einen Blick in einen sechs Meter hohen Schacht und lässt Interessierte rätseln, was sich wohl in der Tiefe verbirgt. An den Wänden des Schachts gibt es in Beton eingelassene schemenhafte Schattenrisse und Reliefs mit Spuren von Einrichtungsgegenständen, von zerstörtem Leben, die von der Promenade aus durch seitliche Fenster in das Blickfeld geraten.

Das nach einem Entwurf von Evin Oettingshausen angelegte Mahnmal liegt an diesem Schiffskai der Weser, weil hier in der NS-Zeit von enteigneten jüdischen Menschen geraubte Möbel und Gegenstände umgeschlagen wurden. Und es liegt zugleich vis-à-vis der jüngst neu erbauten Deutschlandzentrale von *Kühne + Nagel*. Die 1890 in Bremen gegründete Spedition hat – auch aus Steuerspargründen – seit 1969 ihren Unternehmenssitz in der Schweiz.

Der heute drittgrößte Logistikkonzern der Welt profitierte in der NS-Zeit in vielfältiger Weise und in fast allen von der Wehrmacht besetzten Ländern von den Beraubungen der Jüdinnen und Juden. In den Jubiläums- und Firmenschriften von *Kühne + Nagel* gibt es hinsichtlich der Geschäftsmodelle im »Dritten Reich« jedoch eine klaffende Leerstelle. Bei so einigen anderen Firmen und Familien bekanntlich nicht minder. Die scheinbare Abwesenheit von Geschichte beziehungsweise das gezielte Vergessen und Verdrängen symbolisiert der Schacht des Arisierungs-Mahnmals.

Von der Weserpromenade führt nach dem Passieren des Theaterschiffes ein schmaler Fußgängertunnel ins verträumt wirkende Schnoorviertel. Ein letzter Blick über den Weserstrom richtet sich zunächst auf die an der Werderstraße gelegene Zentrale der *Deutschen Gesellschaft zur Rettung Schiffbrüchiger*. Dort wirkt die von der *DGzRS* betriebene deutsche Rettungsleitstelle See mit der Seenotküstenfunkstelle Bremen Rescue Radio und liegt die Werfthalle, vor der meistens eines der vertrauten Schiffe der Rettungsflotte liegt – selbstverständlich mit der Bremer Speckflagge am Bug.

Die Seenotrettung wird ausschließlich durch freiwillige Zuwendungen ermöglicht. Unter anderem durch Spenden der festlich gestalteten *Bremer Eiswette*. Ins Auge fällt zudem die markante »umgedrehte Kommode« mit ihren vier Ecktürmen. Im Bereich des ehemaligen Wasserwerks ist ein neues Wohnquartier entstanden.

11. DURCH DIESE GASSE WERDEN SIE KOMMEN

Das zwischen der Weser und der Ostertorstraße mit dem gründerzeitlichen Gerichtsgebäude sowie der Stadtbibliothek liegende Schnoorviertel ist reich an Geschichte und voller Geschichten. Die Kirche St. Johann entstand im späten 14. Jahrhundert, die ältesten Häuser stammen aus dem frühen 15. Jahrhundert. In diesem ältesten Gängeviertel Bremens wohnten zunächst Fischer, Schiffer, Arbeiter und Handwerker mit ihren Familien. Heute ist es ein Anziehungspunkt für Leute, die Zeit haben und etwas neu entdecken, konsumieren oder erzählt bekommen wollen.

Beim Packhaustheater steht die Bronzefigur des 1909 verblichenen stadtbekannten Originals Heini Holtenbeen. Der Mann mit dem Holzbein war berüchtigt für hintersinnige Schnäcke wie:

»Meine Herrens, meine Damens, guten Tag, meine Herrens, große Neuigkeit! Im Hafen ist ein Schiff mit Indigo ausgelaufen, der ganze Hafen ist blau …«

Ob Heini Holtenbeen wusste, dass der Schnoor im Mittelalter das Hafenquartier der Stadt war? Es lag neben einem längst zugeschütteten Nebenarm der Weser, der Balge. Wo heute die Gasse Hinter der Balge verläuft, wurden bis zum Ausbau der Schlachte Handelsschiffe be- und entladen. Die ersten Anwohnerinnen und Anwohner lebten vom Fluss und der Hafenwirtschaft.

Das altstädtische Quartier wurde zwar von Bomben verschont, verfiel aber in den Nachkriegsjahren zunehmend. Zudem entstanden weitreichende Abrisspläne, um Platz für Hochhausbauten zu schaffen. Sie scheiterten aufgrund bürgerschaftlichen Widerstands, und das Schnoorviertel blieb – mitsamt der früher weite Teile der Altstadt prägenden Enge – erhalten. Nach wie vor lehnen die zum Teil mehr als 400 Jahre alten spitzgiebeligen Häuser eng und schief aneinander und verkünden ihr Entstehungsjahr über Türen, die offenbar für hochgeschossene Menschen unserer Zeit nicht getischlert wurden.

Der Schnoor hat seinen Namen von der mittelalterlichen Richtschnur des Zimmermanns (plattdeutsch Snoor = Schnur) und zieht sich entsprechend einigermaßen gerade durch das von engen Pfaden, Pforten und winkligen Gassen gegliederte Quartier. Letztere tragen zwar so furchterregende Namen wie Marterburg, Wüstestätte oder Hinter der Holzpforte; Befürchtungen, man würde hier stantepede das Fell vollkriegen oder auf Leute stoßen, die bremisch giften: »Ich geev di een op de Nieskapsel«, muss niemand hegen.

Für die Schwärme der Flanierenden, die täglich durch das Quartier streifen, mangelt es weder an Läden mit Kunsthandwerk, Schmuck, Design, Souvenirs und Leckereien noch an zahlreichen Cafés, Gaststätten und Restaurants. Seit Langem residiert das Institut für niederdeutsche Sprache im Schnoor. Das INS ist die einzige überregional tätige Einrichtung zur Förderung der niederdeutschen Sprach- und Kulturarbeit. Plattdeutsch will schließlich gepflegt am Leben gehalten werden.

Auf dem winkligen Vorplatz grüßt der nach einer Romanfigur von Georg Droste (1866–1935) benannte Ottjen-Alldag-Brunnen. In der ab 1913 publizierten Trilogie *Ottjen Alldag* des blinden Korbmachers tönt es im echten Bremer Platt:

»Un da weur maln Handwarksborsche, und de har keen Arbeit nich und weer bannig hungrig. Und da füngte he an to bedel und da kömte he in een Hus und fragte – habense woll'n büschen Schlafgeld for mir? Ne, musst füdder gaan. Fragter – hebense woll'n büschen was zu essen for mir? Ne, musst füdder gaan.«

Der Handwerksbursche könnte heutzutage als nächstes das in der Wüste Stätte gelegene *Bremer Geschichtenhaus* ansteuern. Es residiert im ältesten erhaltenen, nach dem Heiligen Jakobus Major, Schutzpatron der Seefahrer und Reisenden, benannten Packhaus der Altstadt. Beglaubigt durch eine jahrhundertealte, in die obere Fassade eingelassene bemalte Figur des Pilgerheiligen – schließlich verfrachteten Bremer Schiffe einst viele Wallfahrende nach Santiago de Compostela.

In dem wirklich »lebendigen« Geschichtenhaus stellen die Mitarbeitenden im Rahmen von sozialen Maßnahmen ausdrucksstark geschichtliche Begebenheiten und Persönlichkeiten des bremischen Lebens dar, erhalten durch sie einstige Originale wie Heini Holtenbeen, Fisch-Lucie und andere mehr eine Art zweites Leben in historischen Kulissen. Dazu gibt es frisch gerösteten Kaffee und echte bremische Spezialitäten zu kosten, denn »daß in Bremen eine eigene, zum Theil ganz eigenthümliche Zubereitung der Speisen stattfindet«, steht schon im *Bremischen Kochbuch* von 1808 – verfasst von der unvergessenen Pädagogin und Schriftstellerin Betty Gleim (1781–1827).

Die Bandbreite ist groß: Bremer Babbeler (Lutschstangen aus Sirup und Pfefferminzöl), Bremer Klaben (eine geschützte geografische Angabe nach EU-Recht; laut Gottfried Benn ist die Bremer keine »vulgär-zuckerüberladene Dresdener, sondern die vornehm zurückhaltende, innerlich geladene Stolle«), Bremer Kaffeebrot (Weißbrot mit Süßem), Bremer Zwieback (sechseckiges Gebäck), Bremer Kluten (viereckiges Pfefferminzzuckerstäbchen mit Schokoladenguss), Knipp (kross gebratene durchgedrehte Fleischreste mit Hafergrütze), Labskaus (Seemannsessen mit Spiegelei), Stint (fingergroßer Raubfisch aus der Weser, der in Roggenmehl gewälzt gebraten wird), Bremer Kükenragout (zartes Hühnerfleisch, angereichert mit Hackbällchen), Pluckte Finken (deftiger Eintopf), Braunkohl mit Bremer (!) Pinkel (Nationalspeise aus Grünkohl und mit Speck, Schinken, Gewürzen, Zwiebeln und Hafergrütze gefüllter Grützwurst), Rote Grütze (feinsäuerliche Süßspeise aus Waldfrüchten) und natürlich Matjes aus den Niederlanden. Die um den Junibeginn startende hohe Zeit des Matjes wird in Deutschland erst dann offiziell freigegeben, wenn das – selbstverständlich von den Bremer Fischhändlern vollzogene – Saisoneröffnungsritual über die Bühne gegangen ist.

Beim Amtsfischerhaus – für die Weser zuständige Fischer lebten ja auch im Schnoorviertel – wird einer herrlichen Lektüre gedacht. *Fipps der Affe* heißt sie, und sie ist schon deshalb herrlich, weil sich in ihr ein Bremer Schiffer als Entführer betätigt:

»Und selbiger Mann (er schrieb sich Schmidt)
Nimmt Fipps direkt nach Bremen mit.«

Das Amtsfischerhaus.

Dann nimmt Wilhelm Buschs Bildergeschichte gehörig Fahrt auf:

»Zu Bremen lebt gewandt und still
Als ein Friseur der Meister Krüll ...«

Apropos Friseur. Bereits im Mittelalter gingen am Stavendamm des Haare- und Bartschneidens fähige Bader ihrer Arbeit nach. Der Name der Straße – Staven bezeichnet eine beheizte Stube – lässt bereits erahnen, dass hier ab dem Mittelalter wärmende Örtlichkeiten auf Kundschaft warteten.

Zur Klientel der Bader gehörten vor allem die Seeleute, die nach längeren Reisen eine medizinische Behandlung benötigten, die ihr Haar scheren lassen und ein entspannendes Bad in hölzernen Wannen genießen wollten. Und nicht nur das: Speisen und Getränke wurden gereicht, Reiberinnen übernahmen abschließend das Trockenrubbeln und anderes mehr. Bremen war schließlich eine führende Seestadt. Das bronzene Pärchen im Brunnen am Stavendamm bespritzt sich heute noch – ich meine die Plastik *Beim Bade* des Bremer Bildhauers Jürgen Cominotto, die, wie die Meerjungfrau in Kopenhagen, schon einmal geklaut wurde, aber längst wieder mittelalterliche Freuden simuliert.

In der Gasse Langewieren erhebt sich gotisch-backsteinern die im späten 14. Jahrhundert errichtete Kirche St. Johann. Sie diente zunächst als Klosterkirche der Bettelmönche. Seit 1816 wird sie als Probsteikirche von der katholischen Gemeinde genutzt. Die Zahl der Katholisch Gläubigen hielt sich im protestantisch geprägten Bremen lange in engen Grenzen – erst seit einigen Jahrzehnten steigt sie wahrnehmbar, weil immer mehr Menschen aus Regionen zuziehen, in denen der Papst die Oberhand behalten hat.

Vor dem aus nachvollziehbaren Gründen denkmalgeschützten Gebäude des ehemaligen Landherrn-Amts an der Dechanatstraße steht seit 1982 das vom Künstler Hans D. Voss (1926–1980) entworfene Mahnmal für die Opfer der »Reichskristallnacht«. Der schwarz gefärbte Betonkubus benennt die fünf Mitglieder der jüdischen Gemeinde, die in der Nacht vom 9./10. November 1938 von SA-Leuten ermordet wurden. In jener Nacht zerstörten die Nazihorden zumal die in der Kolpingstraße gelegene Hauptsynagoge.

12. STOLPERSTEINE

Jüdische Menschen sind in der Hansestadt seit dem 14. Jahrhundert bezeugt, sie besaßen jedoch kein Wohnrecht. Erst ab 1848 konnten sie gleichberechtigte Bürgerinnen und Bürger werden. Aufgrund der restriktiven bremischen Praxis war das Wachstum der 1803 gegründeten jüdischen Gemeinde begrenzt. In seinem das Bremer Patriziat hinterleuchtenden Roman *Melchior* thematisiert der Autor Josef Kastein (1890–1946), worauf das Fehlen einer blühenden jüdischen Einwohnerschaft zu Beginn der vermeintlich »goldenen« 1920er Jahre in Bremen hinauslief. Ein Streitgespräch von Vater und Sohn Krämer endet in diesem bezeichnenden Wortwechsel:

»›Bremen ist eine Stadt, die noch wächst …‹

›Laß dir gesagt sein, Vater, sie wächst nicht. Nicht mehr. Sie kann Geld und Ware, vielleicht auch Kultur stapeln und diese und jene Industrie hinzu bekommen. Das ist alles. Der Teig ist fertig geknetet. Aber er geht nicht mehr auf. Es fehlt die Hefe dafür.‹

›Was meinst du mit Hefe?‹

›Die Juden meine ich.‹

›Gott soll uns bewahren!‹ rief Albert Krämer entsetzt.

›Amen‹, fügte der Sohn trocken hinzu. ›Warum ist Hamburg größer geworden als Bremen? Nicht nur, weil es näher am Meere liegt.‹

›Komm mir nicht damit. Ich bin oft genug in Hamburg gewesen, und ich habe auch Augen zum Sehen. Wenn du hier über die Straßen gehst und in Hamburg … das ist, weiß Gott, ein Unterschied.‹

›Ich gebe dir zu: Hamburg hat ein anderes Gesicht bekommen. Es ist eine Weltstadt geworden. Bremen ist … nun: ist Bremen geblieben. Es würde weniger ruhig, weniger vornehm und weniger gleichmäßig sein. Aber es würde bestimmt größer und lebendiger sein.‹«

Josef Kastein genoss während der 1920er und frühen 1930er Jahre weltweite Anerkennung. Seine zuerst von Ernst Rowohlt verlegten Monografien zur jüdischen Geschichte erzielten viel Aufmerksamkeit und recht hohe Auflagen. Er wuchs unter seinem bürgerlichen Namen Julius Katzenstein in der Alt- und Neustadt auf. Seinen Erinnerungen zufolge wurde er von den Mitschülern geachtet. Ende der 1920er Jahre wanderte der Bremer Autor aus.

Josef Kastein starb 1946 verarmt in Haifa, der drittgrößten Stadt Israels, die seit 1978 zu Bremens Partnerstädten gehört. Die Benennung einer Straße nach diesem bedeutenden Sohn der Wesermetropole steht noch aus.

1933 lebten in Bremen rund 1.500 Glaubensjüdinnen und -juden. Bis zum Sommer 1941, als die Auswanderung verboten und Deportation und Vernichtung begannen, waren zwei Drittel von ihnen ins Ausland geflüchtet. Am 18. November 1941 wurden die meisten der noch in der Stadt gebliebenen jüdischen Bürgerinnen und Bürger unter dem Vorwand eines Arbeitseinsatzes nach Minsk verbracht und getötet. Es folgten weitere Deportationen. Neben dem Gedenkstein an der Dechanatstraße hält ein Ehrenmal auf dem Jüdischen Friedhof in Hastedt die Erinnerung an die ermordeten Bremer Jüdinnen und Juden wach. Das Arisierungs-Mahnmal an der Weserpromenade erinnert an die wirtschaftliche Dimension des Holocausts und die systematische Beraubung der jüdischen Bevölkerung.

Dem Vergessen aller Opfer der NS-Gewaltherrschaft wirken die »Stolpersteine« entgegen. 760 der kleinen Quader mit informierenden Messingtafeln des Initiators und Bildhauers Gunter Demnig wurden bis 2023 – ermöglicht durch Stolperstein-Patinnen und -Paten – allein vor Bremer Häusern in den Bürgersteig gesetzt.

In der Neustädter Große Johannisstraße 58 hält ein Stolperstein Karoline Katzenstein (geb. Aschenberg; 1859–1942) in Erinnerung. Die Mutter von Josef Kastein wurde am 23. Juli 1942 in das Ghetto Theresienstadt deportiert. Was dort mit ihr geschah, ist nicht überliefert. Einen Monat später war sie tot.

Als Bremen im April 1945 befreit wurde, hatte kaum einer der nicht geflüchteten jüdischen Einwohnenden den NS-Terror überlebt. Nach dem Krieg zählte die sich wieder formierende jüdische Gemeinde zunächst nur wenige Mitglieder. 1961 weihte sie ihre neue Synagoge und das Gemeindezentrum an der Schwachhauser Heerstraße ein. Seit Beginn des 21. Jahrhunderts zählt die jüdische Gemeinde deutlich über eintausend Mitglieder.

13. SÜD, NORD, OST, WEST

Es ist schon eine Weile her, da befand eine nach San Francisco umgesiedelte Butenbremerin in einem Interview: »Bremen ist wie dein Lieblingssofa. Es ist toll und bequem …«, und fügte an: »aber wenn du einmal drauf liegst, bekommst du deinen Hintern nicht mehr hoch.«

Der Befund der ausgewanderten Bremerin in allen Ehren. Seitdem Bremer Senatorinnen und Senatoren darauf drängen, den Anteil des Radverkehrs am sogenannten Verkehrsmix stetig zu steigern, bekommen immer mehr Städterinnen und Städter ihren Hintern hoch und auf den Sattel. Schließlich werden in der Hansestadt bereits deutlich mehr als ein Viertel aller Wege mit dem Fahrrad bestritten.

Zudem gebieten immer mehr Leute offenbar über einen Wippsteert oder Hibbelmors – können also einfach nicht stillsitzen und sind ständig auf Achse. Selbst die älteren Mitmenschen laufen auf den zahlreichen Promenaden, Park- und Parzellenwegen *wie'n Tüt* (flott) – von ihren Hunden ganz zu schweigen.

Weil das Stadtgebiet Bremens zwar rund 38 Kilometer lang, aber maximal nur 16 Kilometer breit ist, kommen Erholung suchende Leute mit dem Fahrrad oder auch zu Fuß in Nullkommanix ins Grüne. Außerdem gibt es in jeder Himmelsrichtung Stadtteile, die um den Rang streiten, der absolut grünste zu sein. Durchdringend grün ist das Blockland mit dem rund 15 Kilometer langen, kurvenreichen Wümmedeich. An das Blockland schließt sich der von der Wümme begrenzte Stadtteil Borgfeld an. Rad- und Wanderwege erschließen hier die weite Auenlandschaft, die mit ihrem Artenreichtum und den rastenden Zugvögeln Bremens größtes Naturschutzgebiet ist. An Borgfeld grenzt der als grünes Herz Bremens gepriesene, aus einem alten Bauerndorf entwachsene Stadtteil Oberneuland. Links der Weser warten im Stadtteil Strom die Ochtum und das satte Grün des Niedervielandes, das von Schwänen überflogen wird, sowie das unübersehbar dörflich geprägte Seehausen. Die Bremer Schweiz im Norden gilt als nicht minder grün, obwohl die Grünen politisch hier nicht so stark wie etwa in Bremen Mitte sind.

Der Bremer Bürgerpark zählt zu Deutschlands wenigen bestens erhaltenen gartenkünstlerischen Schöpfungen des 19. Jahrhunderts. Im Rhododendron-Park wächst auf einer Fläche von 46 Hektar die weltgrößte, einzigartige Sammlung an Rhododendren und Azaleen. Die von Patriziern in Burglesum, St. Magnus und Oberneuland angelegten Parks und Gärten – sie liegen genau da, wo früher die Luft besser und das Leben ruhiger war – heißen Wätjens Park, Knoops Park und Höpkens Ruh. Die öffentlich zugänglichen Anlagen sind so repräsentativ wie erholsam. Nicht zu verachten sind der Vegesacker Stadtgarten, der Park links der Weser, der Waller Park und Achterdiekpark.

Hollersee im Bürgerpark mit dem Parkhaus, 1935.

An halbwegs sonnigen Tagen ist auf den Wegen entlang von Weser, Ochtum, Lesum und Wümme und in den beliebten Ausflugszielen Blockland, Bremer Schweiz, Fischerhude und Worpswede viel los – Fußgängerinnen, Nordic Walker, Jogger, Inline Skaterinnen, Rad- und Rollstuhlfahrende soweit das Auge reicht. Auf den vielen Seen, Kanälen und Flussläufen sorgen Scharen von Segel-, Ruder-, Falt- und Motorbooten für das gleiche Bild – von weltweit gerühmten Bremer Bootswerften gebaute Yachten eingeschlossen. An Schwimmerinnen und Schwimmern mangelt es ab circa 17 Grad Wassertemperatur auch nicht.

Sonntäglicher Schlittschuhlauf auf der Wümme.

Die über die ganze Stadt verstreuten, zum Teil weitflächigen Parzellengebiete mit den verträumten Wegen und abgezirkelten Gärten saugen zu jeder Jahreszeit Familien, Paare und Singles aus ihren Wohnungen. Was Wunder, die Satzungen der Kleingärtnervereine kennen hinsichtlich der Gartengestaltung und Heckenpflege kein Pardon.

Wenn es im Winter einige Tage lang Stein und Bein gefroren hat – im laufenden Klimawandel ein immer selteneres Ereignis –, werden in der grandiosen Semkenfahrt, auf dem Stadtgraben, den Wasserläufen im Bürgerpark und auf den Seen die verlockend glitzernden Flächen schon im frühen Morgenlicht von Schlittschuhlaufenden aller Altersklassen unter die Kufen genommen, nach Schneefällen dient jeder der vielen in der Bremer Niederung so überlebenswichtigen Deiche, ja selbst der kleinste Hügel, als willkommene Piste zum Schlittenfahren.

Um Bremens Altstadt gruppieren sich vier vergleichsweise ausgedehnte Bezirke, die nach den vier Himmelsrichtungen benannt sind. »Mit einem Wort: Süd, Nord, Ost, West. In Bremen ist es allerbest!«, wie der Bürgermeister, Essayist und Übersetzer Otto Gildemeister zu pointieren pflegte. Das Zuhause der Bremerinnen und Bremer liegt seit 150 Jahren fast ausschließlich außerhalb der Wallanlagen.

Eine Ausnahme bildet das im Krieg fast völlig zerstörte altstädtische Stephaniviertel jenseits der Großkreuzung am Brill, wo zahlreiche Mehrfamilienhäuser zu finden sind. Hier wurden jüngst Radio Bremen und die Volkshochschule angesiedelt, um die etwas ins Abseits geratene Altstadtgegend zu beleben. Die Volkshochschule residiert im »Bambüdel«, dem lobenswert restaurierten, einst sehr beliebten Warenhaus des 1937 von den Nazis vertriebenen Besitzers Julius Bamberger (1880–1951).

Wer mit Bremerinnen und Bremern ins Gespräch kommt, und das geht mit einem freundlichen »Moin« auf den Lippen problemlos, hat verständigungstechnisch die Qual der Wahl. Deutsch, Plattdeutsch und Bremisch sind schließlich nur drei von vielen in der Hansestadt gesprochenen Sprachen und Regiolekten. Im weiteren Verlauf kommt es dann zu einem typisch bremischen Spagat. Und der geht so:

Wenn Mensch einen stadtbekannten Maler fragt, woher er denn komme, antwortet der mit der größten Selbstverständlichkeit:

Ich bin Bremer.

– Kleine Pause. –

Ich wohne im Viertel.

Wenn jemand mit »Viertel« nicht viel anfangen kann, ergänzt der Künstler:

Ich bin ein Ostertorscher.

Wer eine alteingesessene Anwohnerin am Torfhafen beim Bürgerpark fragt, wird hingegen wohl zu hören bekommen:

Ich bin eine Findorfferin.

– Kleine Pause. –

Na ja, auch Bremerin.

Es gibt auch Leute, die auf den spezifischen Namen ihres Quartiers beziehungsweise Ortsteils mehr wert als auf alles andere legen und Bremen gar nicht erwähnen:

Ich bin aus Habenhausen

– Punkt.

In Bremen gibt es übrigens 89 Ortsteile …

Zurück zu den Stadtteilen, die in der Regel wenigstens nebenbei genannt werden, wenn im Gespräch die genauere Identitätsbestimmung einer Person auf dem Fuße folgt. Es sind 23 an der Zahl – neben den Stadtteilen Mitte und Häfen, wo zunehmend mehr Leute wohnen, liegen

* im Bremer Süden die Neustadt, Obervieland, Huchting, Woltmershausen, Seehausen und Strom;
* im Osten die Östliche Vorstadt, Schwachhausen, Vahr, Horn-Lehe, Borgfeld, Oberneuland, Osterholz und Hemelingen;
* im Westen das Blockland, Findorff, Walle und Gröpelingen;
* im Norden Burglesum, Vegesack und Blumenthal. Die drei nördlichen bilden so etwas wie eine Exklave, deshalb firmieren sie als Bremen-Nord, netter: Bremer Schweiz (»nett«, das nur nebenbei, ist in Bremen alles Lobenswerte. Darüber geht nix.)

Was die einzelnen Stadt- und Ortsteile jeweils ganz speziell liebenswert oder unattraktiv macht, ergibt sich im Zweifel aus Social-Media-Beiträgen, Leserbriefen in der Tageszeitung, Buchpublikationen und dem World Wide Web. Eine beliebte Konsum- und Gastrogegend sind das zentrumsnahe Ostertor-»Viertel« und Teile der Neustadt; Findorff und Walle entwickeln sich peu à peu zu »coolen« Szenevierteln.

Aufgrund mangelnden Wohnraums sind einige neue Quartiere angelegt worden. Neben der Überseestadt sowie den Wohnanlagen auf dem ehemaligen Wasserwerks-Gelände vor allem die Gartenstadt Werdersee, das Tabakquartier auf dem Gelände der früheren Zigarettenfabrik *Brinkmann* in Woltmershausen und das als zukunftsträchtig beworbene Projekt Überseeinsel. Im gerade im Bau befindlichen neuen Kornquartier in Huckelriede entstehen 350 Wohnungen sowie Gewerbeflächen, Freizeit- und Gastronomieeinrichtungen. Auf dem einstigen Gelände der Firmen *Coca-Cola* und *Könecke* in Hemelingen sieht die Planung den Bau von mehr als 280 Wohnungen und diversen sozialen Einrichtungen vor.

Was aber heißt es, um eine Annäherung zu wagen, im noblen Oberneuland zu wohnen und nicht in Utbremen? Schwer zu sagen. Obwohl es in Bremen lange – nicht gerade nett – hieß: In Walle wohn'se alle, haben sich seit dem späten 20. Jahrhundert Veränderungen ergeben, die überkommene Gewissheiten und Vorurteile zumindest abschwächen.

Der Reihe nach.

Oberneuland und Walle eint ihr jahrhundertelanges Dasein als kleine Dörfer im Umland Bremens – Walle war zunächst sogar Adelssitz, während Oberneuland ab der zweiten Hälfte des 18. Jahrhunderts gutsituierten Bürgern als beliebtes Ausflugsziel diente und wo immer mehr prachtvolle Sommersitze und sehenswerte Herrenhäuser errichtet wurden.

Was die beiden Stadtteile unterscheidet, ist allerhand. Während Walle sich in sieben einzelne Ortsteile gliedert, hat Oberneuland keine. Während das zentrumsnahe Walle von drei Straßenbahnlinien bedient wird, müssen die viel weiter weg lebenden Leute in Oberneuland mit dem Bus vorliebnehmen oder einen Regionalzug nutzen. Was Wunder, dass sie viel mehr Doppelgaragen haben als die Leute in Walle.

Traditionell sind die Häuser, Grundstücke und Mietwohnungen in Oberneuland sehr viel teurer als in Walle. Allerdings hat der einstige Hafenarbeiter-Stadtteil inzwischen den Ortsteil Überseestadt dazu bekommen, dessen Eigentums- und Mietwohnungen nicht minder hochpreisig sind und wo es in einem umgebauten Speicher im oberen Geschoss edle Lofts gibt, in denen Menschen mit ihren edlen Autos nächtigen können – alte Lastenaufzüge machen es möglich.

Wahr ist aber auch: Im früher von den Großwerften gepäppelten Walle leben tragischerweise deutlich mehr Kinder in ärmlichen Verhältnissen und besuchen viel weniger ein Gymnasium als in Oberneuland. Im Übrigen riecht es in dem teils noch durch Landwirtschaft geprägten reichen Stadtteil im Bremer Osten nach allem Möglichen, nur nicht nach Fischmehl. In einigen Quartieren Walles aber schon, denn im Holz- und Fabrikenhafen wird neben Kaffee und Getreide in einem modernen Terminal so viel Fischmehl umgeschlagen wie nirgendwo sonst in Europa.

Den Ruf einer Wohnoase genießt auch der ab 1955 erbaute und von viel Grün und Wasserläufen durchzogene Stadtteil Vahr, in dem rund 27.000 Einwohnende zuhause sind. 1961 feierten Politiker und Gewerke nach der Fertigstellung von mehr als zehntausend Wohnungen stolz »das größte Bauvorhaben im sozialen Wohnungsbau« des »kleinsten Landes der Bundesrepublik«. Die Neue Vahr ging sogar als europaweit einzigartiges Modellprojekt in die Geschichte ein.

Die von Architekten um Prof. Ernst May (1886–1970) gemäß den Leitlinien der *Charta von Athen* aufgelockert konzipierte »Stadt von morgen«, in der relativ schmucklose zwei- bis viergeschossige Wohnhäuser sich um ein Hochhaus zu sogenannten Nachbarschaften gruppieren, ist eine so beeindruckende wie ernüchternde Leistung. Das vom finnischen Architekten Alvar Aalto (1898–1976) entworfene und 1961 fertiggestellte Hochhaus war eine Zeit lang mit 65 Metern das höchste deutsche und steht unter Denkmalschutz.

In Sven Regeners Roman *Neue Vahr Süd* erweist sich Frank Lehmann als Sohn des Viertels: »Irgendwas ist schiefgelaufen, dachte er und setzte sich, des Schlenderns durch das Einkaufszentrum Berliner Freiheit müde geworden, auf eine Mauer mit Blick auf den Vorplatz des Bürgerzentrums, soviel ist mal klar.«

Die in Bremen zu jeder Tages- und Nachtzeit zu hörende Ankündigung: Ich geh noch mal um'n Pudding – läuft in der Vahr genau auf das hinaus, was anderorts ohnehin damit gemeint ist – auf eine Runde um den Block.

Im angrenzenden, heute mit rund 38.000 Einwohnenden drittgrößten Stadtteil Osterholz, starteten 1972 die bremischen »Macher« ein Projekt, das erneut bundesweit Aufsehen erregte und Loriot für seinen Sketch *Gran Paradiso* den passenden Hintergrund lieferte: Das »Demonstrativ-Bauvorhaben Osterholz-Tenever«. Es entstand zu einer Zeit, als einige Planer meinten, Bremen würde sich zu einer Millionenstadt entwickeln. Eben deshalb kopierten sie das US-Beispiel der urban hoch verdichteten Bauweise, vom Volksmund treffend mit »Klein-Manhattan« übersetzt. Das als »beispielhafter Siedlungsbau« gepriesene Mammutprojekt direkt an der lärmreichen Autobahn geriet zum Fiasko – ein gutes Drittel der unwirtlichen Betonblöcke sind mangels Mietnachfrage wieder abgerissen worden. Diverse Sanierungsmaßnahmen und die Aktivitäten von Anwohnerinitiativen haben inzwischen freilich für recht akzeptable Lebensbedingungen gesorgt.

14. KEIN HAUS WIE JEDES ANDERE

»Der Bremer besitzt ein Einfamilienhaus mit einem wohlgeordneten blumenbunten Ziergarten davor und einem ertragreichen Obstgarten ... dahinter.« Diese viel zitierte Feststellung von Karl Lerbs (1893–1946), dem Verfasser vieler bremischer Anekdoten, hat einen kleinen Haken. Denn statistisch nüchtern betrachtet liegt die Eigentumsquote im kleinsten Bundesland lediglich im Bereich von 36 Prozent.

Bremen unterscheidet sich von anderen Halbmillionenstädten nicht im Hinblick auf all das, was gemeinhin eine Großstadt ausmacht. Vor allem das selbst in wohlhabenden Zentren seit Jahren zunehmende, von der Soziologie als »residentielle Segregation« bezeichnete Auseinanderdriften von besser und schlechter gestellten Stadt- und Ortsteilen schreit auch in der Wesermetropole nach Gegenmaßnahmen.

Stadtplanerisch und architektonisch führt Bremen allerdings etwas ins Feld, was man so in anderen Großstädten nicht sieht. Wo sonst, wenn nicht in Bremen, gäbe es schließlich das »Bremer Haus«? Wo sonst gäbe es eine Neue Vahr, die das von Le Corbusier entwickelte und als *Charta von Athen* in die Geschichte eingegangene Siedlungsmodell in Reinkultur repräsentiert?

Die große Zeit des Bremer Hauses begann um 1860, als die wenige bebauten Vorstädte außerhalb der Wallanlagen von der Hansestadt eingegliedert wurden und zugleich die überfällige rechtliche Gleichstellung der Vorstadt- mit den Stadtbürgern erfolgte. Während andernorts im Zuge von Industrialisierung und enormem Bevölkerungswachstum riesige Mietskasernen in die neuen Wohnviertel gesetzt wurden, entschieden sich die Bremer Stadtväter für einen Sonderweg.

»Es kann nicht bestritten werden, daß die Wohnungsverhältnisse in Bremen eigenartig sind und sich in mancher Hinsicht vorteilhaft abheben von denen anderer Großstädte«, kommentierte 1904 der Sozialdemokrat (und spätere Reichspräsident) Friedrich Ebert in der Bürgerschaft das Geschehen. In den Vorstädten entstanden jedenfalls fast durchweg zweistöckige Reihenhäuser. Prächtige, freistehende Villen bestätigen die Regel.

Die unzähligen als »Altbremer Haus« gerühmten, sich in zumeist geraden, rechtwinklig aufeinandertreffen Straßen schier endlos hinziehenden Wohnbauten verdanken ihre Entstehung spezifisch bremischen Regelungen. Jedenfalls konnten die Bauunternehmer im letzten Drittel des 19. Jahrhunderts in die Vollen gehen. Eine jahrzehntelang währende »Speculations- und Bauwuth« war die Folge; die Gewinnspannen von Bauunternehmern wie Lüder Rutenberg, Carl Poppe, Johann Heinrich Mende und anderen mehr waren beträchtlich.

Das Bremer (Reihen-)Haus wurde für gut betuchte Kaufleute ebenso gebaut wie für Beamte, Angestellte, Handwerker und Arbeiter. Für Letztere, für die »arbeitende Classe«, errichteten die Bauherren materialtechnisch billige, handtuchschmale und meist einstöckige Häuser. In den mit dem Hafenausbau rasch wachsenden Arbeiterquartieren im Bremer Westen sind die Häuser keine fünf Meter breit, während sie sich etwa im vorderen Teil der östlichen Vorstadt und Schwachhausens, wo die Patrizier und Gutverdiener Einzug hielten, auf bis zu zwölf Meter erstrecken.

Einmalig in Europa sind die noch vielen erhaltenen verglasten Wintergärten nach englischem Vorbild. Sie waren längst vor den heute geforderten Energiesparmaßnahmen ein willkommener Sonnenkollektor und Wärmepuffer.

Typisch sind die schmucklosen Rückfronten zu den Gärten und die mit vielfältigem Zementstuck bestückten und durch Portale, Vor- und Rücksprünge, Frauenfiguren usw. das Straßenbild bestimmenden Schauseiten. Sie verraten nicht zuletzt die Epoche, in der die oft in Ensembles gebauten Reihenhäuser entstanden sind. Kenner können klassische Formen der Antike ebenso vorfinden wie gründerzeitlich-barock überladene oder vom Jugendstil und Werkbund beeinflusste.

Die Frage, wie viel Staat heutzutage mit einem Altbremer Haus gemacht werden kann oder eben auch nicht – nicht jede Modernisierungsmaßnahme wirkt gelungen –, beantwortet quasi das Sich-Treiben-Lassen durch die Straßen. Die sich dafür anbietenden Quartiere liegen in den Stadtteilen Mitte (Ostertor), Östliche Vorstadt, Schwachhausen, Findorff und Neustadt (ein Paradebeispiel bietet die Delmestraße). Diese Gegenden bilden mit ihren jeweils gut 100.000 Einwohnenden zugleich eine großstädtische Wohnoase für sich.

Nachkriegsbauten, die sich hier und da zwischen den Altbremer Häuser erheben, erinnern an die heftige Bombardierung im Zweiten Weltkrieg. Bremen war bei Kriegsbeginn 1939 sowohl eine bedeutende Hafenstadt als auch eine Hochburg der Auto-, Schiffbau- und Flugzeugindustrie – kurz, der Rüstungsindustrie. Der von Hitler und seinen Gefolgsleuten der Welt erklärte »totale Krieg« hatte für die Hansestadt verheerende Folgen. Sie wurde durch 173 Luftangriffe zu 62 Prozent zerstört. Während die Altstadt den größten Teil der sie bis dahin prägenden Bürger- und Packhäuser verlor, wurde das Hafengebiet samt der Arbeiterwohngebiete im Bremen Westen mit neunzig Prozent fast komplett in Schutt und Asche gebombt.

In Bremen-Nord, im Ortsteil Rekum, steht an der Weser die Ruine einer U-Boot-Fabrik aus dem Zweiten Weltkrieg: der Bunker *Valentin.*

Bis zum März 1945 arbeiteten an dem nicht komplett fertig gewordenen U-Boot-Bunker fast zwölftausend Zwangsarbeiter aus allen Teilen Europas unter menschenunwürdigen Bedingungen: Zivilarbeiter, KZ- und Arbeitslager-Häftlinge sowie Kriegsgefangene. Mehr als sechstausend von ihnen kamen während der Bauarbeiten zu Tode – aufgrund von Unterernährung, Unfällen, Krankheiten und willkürlichen Tötungen.

Der von Churchill als »Achtes Weltwunder« bezeichnete Betonkoloss *Valentin* ist der größte freistehende Bunker in Deutschland und – nach der auch von der deutschen Kriegsmarine eingerichteten U-Boot-Reparaturwerft Brest in Frankreich – der zweitgrößte in Europa. Im 2015 eröffneten »Denkort Bunker Valentin« gibt es eine Gedenkstätte mit Besucherzentrum.

Der Bunker Valentin.

15. OH, WIE IST DAS SCHÖN

Während des Aufwärmens der Profis vor Heimspielen ertönt von der Band Afterburner das Lied *Wir sind Werder Bremen*, dessen drei letzte Zeilen bekräftigend lauten:

»Oh, wie ist das schön
Werder, der Meister von der Weser
Spielt hier in Bremen.«

Schön ist es nicht nur bei Siegesfeiern im Weserstadion. Schließlich gibt es im Bundesland Freie Hansestadt Bremen so viele Museen und Ausstellungen, dass Langeweile eigentlich nicht aufkommen kann. An Informationen darüber, was an gewünschten Tagen geboten wird, herrscht in den vielfältigen Medien kein Mangel. Ehrensache ist der Besuch des seit 1900 bestehenden Focke-Museums mit seinen Sammlungen und Ausstellungen zur Bremer Geschichte und den *Borgward*-Exponaten. Bei Regen bringt die Straßenbahn die Interessierten quasi direkt vor die Tür.

»Oh, wie ist das schön!«, heißt es häufig nach einem Konzert in der Glocke, dem Stammhaus der Bremer Philharmoniker (mit Opernverpflichtung!). Und das heißt es in der Hansestadt auch, wenn die in aller Welt gefeierte Deutsche Kammerphilharmonie Bremen – musikalisch selbstbestimmt, ökonomisch unabhängig – auftritt.

In Bremen agiert eine vielfältige Kulturlandschaft. Nicht ganz so nervenaufreibend wie im Weserstadion, aber nicht minder fesselnd zu geht es im Theater am Goetheplatz (nebst Neuem Schauspielhaus), in der weltbekannten selbstverwalteten bremer shakespeare company, auf dem Theaterschiff, im Metropol Theater, im GOP-Varieté-Theater Bremen – übrigens der größte und modernste privat finanzierte Neubau einer solchen Spielstätte in Deutschland – und auf anderen Bühnen mehr.

Schön vielfältig ist das Bremer kulturelle Leben. Und alles andere als norddeutsch nüchtern. In der Wesermetropole vergeht kaum ein Tag, an dem Menschen aller Altersgruppen sich nicht auf das nächste Ereignis freuen können. Festivals aller Art, Regatten, Musikwochen, Theatersommer, Filmnächte, Kunstausstellungen und vielfältige Literarische Veranstaltungen und Wochen gehen nahtlos ineinander über.

Kaum zufällig trägt Bremen seit dem Herbst 2023 den UNESCO-Titel *City of Literature*. Den begehrten internationalen Titel, den sich weltweit mehr als vierzig Städte teilen, tragen in Deutschland nur zwei Städte: Heidelberg – mit der ältesten, 1386 gegründeten Universität, und Bremen – mit einer der jüngsten Universitäten der Bundesrepublik, sie wurde 1971 etabliert.

»Oh, wie ist das schön!«, tönt es in Bremen unentwegt. Beim Freimarkt und der Osterwiese, beim Viertelfest, bei der Breminale am F, dem Straßenzirkusfestival La Strada, dem Christopher Street Day (CSD), dem Vegesacker Hafenfest und dem Festival Maritim, dem Weihnachtsmarkt, der Eiswett-Prüfung mit dem Schneider am Punkendeich, mit Deutschlands größtem Samba- und Maskenkarneval, der Sail und den Maritimen Tage in Bremerhaven und anderen Highlights mehr.

Wie absolut schön es nach einem gewonnenen Bundesliga-Heimspiel von Werder Bremen gegen Bayern München sein könnte, versteht sich von selbst – passiert allerdings seit Längerem partout nicht. Dennoch: lebenslang grün-weiß! Gegen Klasseteams gewinnen andere Bremer Sportlerinnen und Sportler deutlich zuverlässiger. Nicht zuletzt die Lateinformation des Bremer Grün-Gold-Club – die Tänzerinnen und Tänzer sind mehrfache Welt-, Europa- und Deutsche Meister.

Für Bremer Kinder wird das Leben super schön, wenn zum Beispiel beim traditionellen Nikolauslaufen in den Läden kräftig abgestaubt werden konnte und das gemütliche Genießen der Beute beginnt. 16- bis circa 86-jährige Bremerinnen und Bremer ziehen im Zweifelsfall eine deftige Kohl-und-Pinkelfahrt vor. Dazu gehört eine fröhliche Wanderung im Freundes- oder Kollegenkreis (nebst Eierbecher um den Hals zum Schnapsfassen), die zu einer der beliebten Gastwirtschaften in Bremens Grüngürtel führt. Sie sind nach dem Buß- und Bettag darauf spezialisiert, das Bremer Nationalgericht Braunkohl und Pinkel so zünftig und mit allen denkbaren stimmungsfördernden Getränken zu servieren, dass die Stimmung wirklich nur steigen kann.

»Oh, wie ist das schön in Mamas Hotel!«, sagt so manche Jungfer, die an ihrem dreißigsten Geburtstag unter der Aufsicht von johlenden Freundinnen und Freunden die mit allerlei klebrigen Dingen beschmierten

Klinken des Doms putzen muss, bis sie von einem Junggesellen freigeküsst wird.

»Oh, wie ist das schön in Mamas Hotel!«, sagt so mancher Junggeselle, der an seinem dreißigsten Geburtstag die Domtreppen fegen muss. Mit reichlichen Schmutzgaben haben zuvor Freunde dafür gesorgt, dass es genug zum Fegen gibt, schließlich dauert es, bis endlich eine Jungfer den Feger freiküsst.

Oh, wie ist das schön beim Treppenfegen und Klinkenputzen für die befreundeten Leutchen, die sich dabei zuprosten, herrlich amüsieren und bei stimmungsförderlicher Musik geduldig abwarten, bis der Feger oder die Putzerin mit einem Kuss erlöst wird. Emanzipatorische Fort-Schritte etwa in das lebenslang ehelose Leben sollen vorkommen.

Als ein lebendiges Gedächtnis der Frauengeschichte Bremens und der vielfältigen Beiträge des weiblichen Geschlechts zur gesellschaftlichen Entwicklung wirkt das Kulturzentrum belladonna. Der Verein gilt mit seiner riesigen Sammlung als einmalig in Europa. Wer sich über maßgebliche »streitbare Bremerinnen« schlau machen möchte, kann das auch via Internet tun. Wie wäre es mit dem Kennenlernen der Lebenswege von der in der Friedens- wie Frauenbewegung engagiert gewesenen Auguste Kirchhoff (1867–1940), von der ersten Bremer Senatorin Käthe Popall (1907–1984) und von der Politikerin Anna Stiegler (1881–1963), die als erste Frau Bremens ein Staatsbegräbnis erhielt? Die Bürgerschaftsabgeordnete hatte vielen Frauen im KZ geholfen und war für die Überlebenden der *Engel von Ravensbrück*.

Apropos Emanzipation. In Bremen finden alljährlich vier namhafte Feste statt, die bis vor einigen Jahren noch jeweils hunderten von Männern zum gemeinsamen Trinken, Essen, Reden halten und Palavern dienten – und zwar ohne die Anwesenheit von Frauen. Inzwischen sind weibliche Wesen jeweils mit von der Partie. Bis die Damen einen größeren Anteil unter den teilnehmenden Personen stellen, wird es aber sicherlich noch einige Jährchen dauern.

Die Rede ist von der 1548 begründeten *Schaffermahlzeit* des Hauses Seefahrt – es ist das älteste fortbestehende, sich jährlich wiederholende Festmahl der Welt; von dem seit 1817 begangenen Stiftungsfest der *Bremer Eiswette*, vom 1901 aus der Taufe gehobenen *Stiftungsfest des Ostasiatischen Vereins* und von den seit Beginn der 1950er Jahre stattfindenden Zusammenkünften des *Bremer Tabak-Collegiums*.

Bremen besitzt keinen Boulevard der Eitelkeiten? Also zu diesen vier Veranstaltungen lassen sich staats-, wirtschafts- und andere tragende Persönlichkeiten nicht zweimal bitten. Bei der Schaffermahlzeit werden hohe Spendeneinnahmen für die Fürsorgeeinrichtung Stiftung Haus Seefahrt und bei der Eiswette für die Deutsche Gesellschaft zur Rettung Schiffbrüchiger eingesammelt. Beim Stiftungsfest des Ostasiatischen Vereins geht die erzielte Spende an das »Hilfswerk Ostasien«; die an stets wechselnden Orten stattfindenden Collegien des Bremer Tabak-Collegiums sollen der Pflege der Beziehungen Bremens dienen.

Das Schaffermahl 1912.

16. BESUCH IM ROM DES NORDENS

Bremen entwickelte sich in den Anfängen als kleine Siedlung in der noch unwirtlichen nordwestdeutschen Tiefebene auf und an einem Dünenrücken, der sich seit der letzten Eiszeit durch das sogenannte Bremer Becken erstreckt und schon in der Jungsteinzeit als Verkehrsweg genutzt wurde. In Höhe der Bremer Altstadt erreicht die am rechten Weserufer auslaufende Düne eine Höhe von neun bis 13 Meter. Dieser hochwassergeschützte Saum wurde bereits in grauer Vorzeit zur neuen Heimat von Fischern und Viehzüchtern mit ihren Familien. Der ab 782 belegte Ortsname selbst spielt auf die Lage am Wasser an. Vom altniederdeutschen Wort *Bremun* abgeleitet bedeutet Bremen so viel wie »am Rande« oder »bei den Fluten«.

Wie groß die bremische Siedlung auf der Düne war, als Karl der Große in den Sachsenkriegen das Territorium bis zur Nordseeküste erobern und missionieren ließ, ist schwer zu bestimmen. Fest steht, dass sie 782 beim Eintritt in die überlieferte Geschichte ein Tatort war, denn die in Bremen lebenden Sachsen hatten offenbar etwas gegen ihre Zwangsmissionierung. Sie ermordeten den Priester Gerwal samt Glaubensgenossen, und die Christen um den Missionar und späteren Bremer Bischof Willehad flohen stante pede. Viel weniger brutal als damals geht es zwar in den seit 1997 von der ARD ausgestrahlten Bremen-*Tatorten* auch nicht zu – aber das ist ja nur Fiktion.

Nachdem Willehad 787 zum Bischof geweiht worden war, sandte ihn Karl der Große in den inzwischen gewaltsam befriedeten bremischen Sprengel, der zwei Jahre später zum Bistum reüssierte. Während Willehad sich mit einer hölzernen Kirche begnügte, musste es für seinen Nachfolger Willerich schon ein palisadenbewehrter Steinbau auf dem höchsten Punkt der Düne sein. Fortan bildete der St.-Petri-Dom das Zentrum der befestigten Domburg; zog die zwischen dem geistlichen Bezirk und der Weser liegende, noch unbefestigte Siedlung immer mehr Handwerker und Händler an.

Dass Bremen schon im frühen Mittelalter, noch vor der Hanse, weit verzweigte Handelsbeziehungen unterhielt, belegen an der Weser geborgene Fundstücke – etwa Muschel- und Pingsdorfer Ware, Mühlsteine aus Basalt, Karolingische Münzen, Sachsenpfennige und Silberdinare.

Bevor sich Bremen als handelsmächtige Hansestadt einen weithin klingenden Namen machte, ging der Ort erst einmal als nördliches Kirchenzentrum in die Geschichte ein. Und zwar spätestens ab 849, als der von den Dänen aus Hamburg vertriebene Erzbischof Ansgar (801–865) das Bremer Bistum gezielt ausbaute und die Missionierung des Ostseeraums vorantrieb. Er gründete das erste Armenspital östlich des Rheins und lancierte geschickt Geschichten über angebliche Wunder am Bremer Grab des von ihm zum Lokalheiligen stilisierten Willehad, die prompt viele von Krankheiten gepeinigte Pilger wie magisch anzogen. Nachdem es seinem Nachfolger Rimbert im Jahre 888 gelungen war, von König Arnulf die Rechte der Verfügung über Markt, Münze und Zoll schriftlich bestätigt zu bekommen, dauerte es nicht mehr lange, bis sich Bremen zu einem namhaften Sitz geistlicher Reichsfürsten, zum Rom des Nordens entwickelte.

Bremer Dom im Siegel, 1230.

17. DRANG NACH OSTEN

Insbesondere die enge Anbindung an das mittelalterliche Reich der Ottonen zahlte sich für die Erzdiözese Bremen(-Hamburg) nachhaltig aus. Unter dem von 937 bis 988 wirkenden Erzbischof Adaldag wurden der sich herausbildenden Stadt und ihrer Kaufmannschaft wichtige wirtschaftliche Privilegien und nicht zuletzt königliche Immunität und Gerichtsherrschaft zugestanden. Nach der Jahrtausendwende und einigen Überfällen durch dänische Wikinger nahm schließlich auch die bauliche Entwicklung Fahrt auf, erhielt die städtische Siedlung eine eigene Pfarrkirche, die später unter dem Patrozinium Unser Lieben Frauen dem Rat diente. Ihr Vorfeld wurde zum ersten Marktplatz Bremens.

Als 1035 Kaiser Konrad II. Erzbischof Bezelin einen zweiten Markttermin neben dem Jahrmarkt zu Pfingsten im Herbst zugestand, startete er – freilich unbeabsichtigt – zugleich eines der ältesten und heute namhaften deutschen Volksfeste, den Bremer Freimarkt.

Warum wohl bezeichnete der Wirtschaftshistoriker Carlo M. Cipolla (1922–2000) die Jahre nach dem 31.12.999 als *turning point* in der euro-

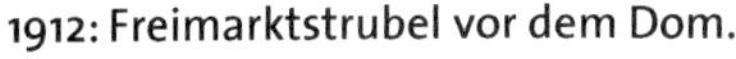
1912: Freimarktstrubel vor dem Dom.

päischen Geschichte? Nun, seines Erachtens nahmen damals Petrus der Eremit und der Bremer Bischof das Heft in die Hand. Der Bremer Bischof befahl angeblich 1108:

»Die slawischen Völker sind abscheulich und nichtswürdig, ihre Länder sind reich an Honig, Korn und Wild! Wendet euch gen Osten, ihr jungen Rittersleut!« Die Folgen waren dem Wirtschaftshistoriker zufolge immens, »denn der schreckliche Bischof … begründete so den DRANG NACH OSTEN, der zur deutschen Eroberung der Länder jenseits der Elbe führte und schließlich zur Gründung des Preußischen Staats«.

Einschlägigen Amtsdaten nach meint Carlo M. Cipolla wohl Erzbischof Friedrich. Der Geistliche begründete zwar die hochmittelalterliche Binnenkolonisation, in dem er zwischen 1104 und 1123 holländische Siedlerinnen und Siedler in die Wesermarschen lockte, die dann auch die unwirtlichen Niederungen entwässerten und urbar machten (die Namen Holler- und Blockland erinnern daran). Einen großen Drang nach Osten hatte er freilich nicht.

Obwohl Cipollas Studie über *die Rolle der Gewürze (insbesondere des Pfeffers) für die wirtschaftliche Entwicklung des Mittelalters* eine heitere Parodie ist, gab es in der Bremer Domburg tatsächlich einen Erzbischof, der das kleine Bremen ab 1043 machtvoll in das Weltgeschehen rückte. Er hieß Adalbert (um 1000–1072), und den Bremer Erzstuhl verdankte er Heinrich III., mit dem er einige Feldzüge in den Osten unternommen hatte.

Als Missionar war der ehrgeizige Kirchenfürst Adalbert zweifellos zupackend, und so erstaunt es nicht, dass Papst Leo IX. ihn 1054 zum Vertreter des Heiligen Stuhls für alle Völker Skandinaviens einschließlich Island und Grönland sowie der zwischen Elbe und Peene lebenden Slawen ernannte. Adalbert, der Bremen zur Schaltzentrale der zu jener Zeit weltgrößten Kirchenprovinz machte, die nahezu den gesamten europäischen Norden umfasste und der dabei zweifellos den Drang nach Osten forcierte, starb im März 1072.

Die ambitionierten Projekte des von 1043 bis 1072 in Bremen wirkenden Erzbischofs Adalbert kamen als historisch erste die Bevölkerung ungemein teuer zu stehen. Durch die, wie ein Zeitzeuge beklagte, »verfluchenswerthe Habsucht der Beamten« verarmten die außerhalb der Domburg lebenden Menschen damals dramatisch – viele konnten ihre

Rechnungen nicht begleichen und zahlreiche Händler zogen mittellos ab. In der Folge reifte unter den Kaufleuten und Handwerkern der Entschluss, die landesherrschaftliche Macht der Erzbischöfe zu brechen. Aber gemach.

Wie es der historische Zufall zuweilen will, hatte Adalbert einen Kleriker aus Bamberg zum Leiter der Domschule berufen, der Geschichte schrieb. Die vom Magister Adam von Bremen (vor 1050–1081/1085) verfasste Schrift *Gesta Hammaburgensis ecclesiae pontificum* gilt als hervorragendes historiografisches Zeugnis des 11. Jahrhunderts. Eine schier bahnbrechende Erkenntnis birgt sie auch. Adam hielt für die Nachwelt fest, dass nicht Columbus, der lebte ja noch nicht, sondern Leif Eriksson Amerika, genauer: Neufundland, mit dem Schiff erreicht hatte. Allerdings hatten vor spätestens zwölftausend Jahren *Homo sapiens*-Gruppen Amerika bereits zu Fuß erobert, also »entdeckt«.

Wenn in der Böttcherstraße das Glockenspiel erklingt und im angrenzenden Mauerturm nacheinander zehn geschnitzte Tafeln mit farbigen Reliefbildern berühmter Ozeanbezwinger zum Vorschein kommen, dann zeigt gleich die erste, was mindestens ein Bremer schon im 11. Jahrhundert wusste.

Im III. Buch seines Werks liefert Adam zudem eine Biografie des Erzbischofs Adalbert, die erfrischend unparteiisch verfasst ist. In der 1825 publizierten Übersetzung des Bremer Gelehrten Carsten Miesegaes wird das an einer Stelle deutlich:

»Mir scheint es gefährlich zu seyn, einen, in seinem Leben durch Schmeicheleyen schon verdorbenen Menschen, auch nach seinem Tode schriftlich oder mündlich noch schmeicheln zu wollen.«

Adam beschreibt den Erzbischof als einen zu Beginn seiner Amtszeit zwar rastlosen Organisator, aber eben auch als einen, der das Wohl von *parvula Brema* noch im Auge behielt. Ja, er suchte sogar nach möglichst einprägsamen Formulierungen, um Adalberts Leistungen möglichst angemessen ins ewige Licht zu rücken:

»Er benahm sich so liebreich, so freygebig, so gastfrey, so begierig nach dem Beyfalle Gottes und der Menschen, daß das kleine Bremen durch seine Verdienste wie Rom berühmt und von allen Gegenden der Erde, besonders von den nordischen Völkern andachtsvoll besucht wurde.«

Leider vertrug das kleine, »wie Rom berühmte Bremen« das von Adalbert verheißene goldene Zeitalter überhaupt nicht – woran auch die ersten nordischen Touristen nichts änderten. Seine Politik überstieg die Kräfte des Erzbistums und die der bremischen Bevölkerung gewaltig. Sie mussten leider feststellen, dass ihnen als Römer des Nordens nur die Rolle hemmungslos ausgeplünderter Kirchenmäuse zugedacht war. Nicht zuletzt der Ausbau des Doms nach italienischem Vorbild lastete schwer. Adam von Bremen urteilte ernüchtert:

»Kaum mag ich es sagen, welch eine große Sünde es ist, die Armen um das Ihrige zu bringen, welches in einigen canonischen Verordnungen Kirchenraub, in andern Menschenmord genannt wird.«

Die Politik Adalberts ruinierte das Erzbistum politisch wie wirtschaftlich. Zudem stutze die 1104 erfolgte Gründung des Erzbistums Lund das in kurzer Zeit zum weltgrößten Erzbistum aufgestiegene Bremen wieder ins Normalmaß einer recht abgelegenen Diözese. Was von all der Herrlichkeit übrig blieb – einige prächtige Gewänder, Stäbe und dergleichen mehr – können im Dom-Museum in Augenschein genommen werden.

18. ENTSCHEIDEND NUR DER GLAUBE?

Als der St.-Petri-Dom zu Beginn des 16. Jahrhunderts endlich fertig gestellt war und ungefähr das heutige Erscheinungsbild hatte, verdarb prompt ein einschneidendes Ereignis dem Domkapitel die Freude über das Erreichte: die Reformation. Sie erreichte die Hansestadt 1522 in der Person des Augustinermönchs Heinrich von Zütphen (1488–1524) – gut fünf Jahre nachdem Luther seine Thesen an die Kirchentür geschlagen hatte.

Als der Reformator die noch rein katholische Wesermetropole betrat, lagen die Bürger gerade mit Erzbischof Christoph und der Domgeistlichkeit ziemlich überkreuz. Der Bruder beschloss daher umgehend, länger zu verweilen. Was er mit Schärfe und leidenschaftlicher Gebärde lehrte, beeindruckte die Bürger ungemein. Sie stimmten Zütphen zu, als er beklagte, die Bischöfe seien Diebe, Räuber, Mörder und Ölverkäufer zur Täuschung der Seelen. Sie stimmten ihm zu, als er Papst und Kaiser als noch schlimmere Brüder bezeichnete und Fasten, Beichte und äußere Frömmigkeit als nutzlos brandmarkte. Entscheidend, so trichterte Zütphen den Menschen in Bremen ein, entscheidend ist nur der Glaube.

Die Lektion wirkte – keine andere deutsche Stadt ging damals so schnell und so geschlossen zur neuen Lehre über wie Bremen. Ab 1567 waren selbst die Erzbischöfe lutherisch. Danach sank das Erzbistum endgültig zur Bedeutungslosigkeit herab. Noch ein Nachtrag: Als Heinrich von Zütphen quasi nebenbei auch noch den Dithmarscher Bauern Luthers Lehre beibringen wollte, stieß er auf keine Gegenliebe. Sie übergaben ihn den Getreuen des Bremer Erzbischofs und damit – im Dezember 1524 – dem Scheiterhaufen. Die schockierten Glaubensbrüder sahen sich bald darauf von Martin Luther getröstet, der versicherte, dass »der barmhertzige Gott euch zu Bremen so gnediglich heymsucht und so nahe bey euch ist«.

19. VRYHEIT DO IK IU OPENBAR

Im Zeitraum zwischen dem 12. Jahrhundert und der Reformation geriet zwar das Bremer Erzbistum auf den absteigenden Ast und sank endgültig zur Bedeutungslosigkeit herab. Nicht aber der Ort Bremen.

Die Siedlung unterhalb der Domburg wuchs und gedieh, je weiter die Seehandelsgeschäfte reichten. Flandern, England und Norwegen erwiesen sich als einträgliche Ziele. Während die sich verstärkt auf Handel und Gewerbe spezialisierenden Bremer Bürger ihre politischen Handlungsmöglichkeiten durch den Aufbau von Körperschaften, Gerechtsamen und Privilegien zu erweitern begannen, gelang ihnen ein genialer diplomatischer Schachzug. 1186 konnten sie die erstmalige Privilegierung ihrer *civis Bremenses* durch den deutschen Kaiser Friedrich I. sicherstellen.

Das Barbarossa-Diplom war vor allem deshalb von zukunftsweisender Bedeutung, weil es auf die von Karl dem Großen eigentlich dem Erzbischof verliehenen Rechte Bezug nahm und sie quasi nachträglich der Stadt zusprach. Indem die Bremer Bürger den Kaiser zu einer Art Stadtherrn erhoben, stellten sie zugleich geschickt das historische Signal für die Abkehr von der Bischofs- zur Freien Stadt.

Zu Beginn des 13. Jahrhunderts war Bremen mit seinen um die zehntausend Einwohnenden eine auf Eigenständigkeit pochende Hafenstadt mit Selbstverwaltung, Befestigung und Markt geworden. In den folgenden Jahrzehnten entstanden eine Weserbrücke, ein Rat, ein Rathaus und ein Stadtsiegel. Der Rat bildete im 13. Jahrhundert bereits ein selbstbewusstes Organ der kommunalen Interessenvertretung. Er schloss Verträge mit benachbarten Mächten und Städten und achtete zunehmend auf die Sicherung der Handelswege an der Unterweser.

Nachdem 1304 eine erste Zusammenstellung des Bremer Stadtrechts vorlag, entstanden heftige Kämpfe unter den tonangebenden Ratsgeschlechtern, nicht zuletzt ein Beleg dafür, dass sich eine Elite gebildet hatte, mit der nicht zu spaßen war. Erzbischof Adalbert II. war jedenfalls der letzte geistige Würdenträger, der 1366 durch das Abfackeln des ersten hölzernen Rolands noch einmal sein Glück als Stadtherr versuchte. Er scheiterte. Die wohlhabenden Bürger hielten von da an die Geschicke ihrer sich an einem verkehrsgünstigen Knotenpunkt zwischen Fluss- und

Seeschifffahrt liegenden Seestadt fest in der Hand, die zu einer Territorialmacht an Unterweser und Nordsee gedieh.

1350 reduzierte eine Pestepidemie die Einwohnendenzahl Bremens auf nur mehr um die fünftausend. Acht Jahre später trat die Stadt der Hanse bei, obwohl das Interesse der Patrizier an einer Mitgliedschaft eher gering war. Denn deren Handelsschwerpunkt lag im Ostseeraum, während sich das bremische Geschäft auf Nordseeanrainer konzentrierte.

Der Beitritt Bremens zur Deutschen Hanse erfolgte 1358 zwar eher unwillig. Aber der Schritt hatte schon deshalb etwas für sich, weil das Bündnis um diese Zeit auf dem Höhepunkt seiner Macht war.

Nach dem Beitritt zur Hanse belegte das konfliktorientiert eigensinnige Handeln des Bremer Rats, wie bedeutend die Wesermetropole inzwischen geworden war. Daran änderte selbst der von 1427 bis 1433 verhängte Ausschluss aus der machtvollen Hanse nichts – die Stadt avancierte in Konkurrenz zu Hamburg neben Köln und Lübeck zum drittwichtigsten Mitglied. An der Schlachte drängelten sich nachgerade die Koggen.

Wie sehr Bremen damals prosperierte, zeigt zumal ein Blick in den Kern der jungen Hansestadt selbst, wo nach der 1404 erfolgten Errichtung der steinernen Monumentalstatue des Roland sowie der Fertigstellung eines neuen gotischen Rathauses im Jahre 1409 zugleich eine bis heute bewahrte neue Mitte entstanden war: der Markt.

Stadtluft macht frei, aber eben auch widerspenstig. Die auffällig gegen den Dom gerichtete, wehrhafte Haltung des Roland demonstriert das unübersehbar. Das Studium des kompletten Texts auf seinem Schild verhilft zum Verständnis. Er lautet:

Vryheit do ik iu openbar / De karl und menich vorst vorwar / Desser stede ghehheven hat / Des danket gode is min radh. (Freiheit tu ich euch offenbaren, die Karl und mancher Fürst fürwahr dieser Stätte gegeben hat, das danket Gott ist mein Rat.)

Diese Aussage gab der vom Dom verkörperten erzbischöflichen Macht zum einen unmissverständlich zu verstehen, wer in der Stadt inzwischen Chef im Ring des Marktes und über Handel und Wandel war, und sie bewies zum anderen, dass es die Bremer Patrizier faustdick hinter den Ohren hatten.

Bremen war zu Beginn des 15. Jahrhunderts mitnichten eine freie Reichsstadt, ja nicht einmal eine Freie Stadt wie etwa die reiche Hanse- und Bischofsstadt Köln. Da urkundlich belegte Rechte aus der Hand des in Bremen hoch geschätzten Karl des Großen nicht vorlagen, wurde deshalb vom patrizischen Rat kreativ nachgeholfen. Durch das Erstellen von Urkunden, die nüchtern blanke Fälschungen waren, attestierten die Herren der Hansestadt die sogenannte Kaiserfreiheit. Bremen war prompt die freieste Stadt »in all der werlde« – jedenfalls auf geduldigem Papier. Die tatsächliche Reichsunmittelbarkeit, das Linzer Diplom, erhielt Bremen erst 1646 von Kaiser Ferdinand III. – gegen nicht zu knappe Gebühr, versteht sich.

Im Übrigen blieb der Rat so frei, seine Herren bis ins 19. Jahrhundert hinein ausschließlich aus einem elitären patrizischen, freilich zunehmend akademisierten und professionalisierten Kreis zu rekrutieren. Die wirtschaftlich zum Teil ebenso erfolgreichen Handwerker und Händler der Stadt beziehungsweise die hier Ämter genannten Zünfte blieben jedoch politisch so gut wie außen vor. Gleich mehrere Aufstände und Verfassungskämpfe, die diesen Zustand ändern sollten – etwa der legendäre »Aufstand der 104« von 1531 – scheiterten.

Die einzige gegenüber den Ratsherren nachdrücklicher auftretende Gruppe war die seit dem 13. Jahrhundert etablierte Gilde der Kaufleute, die 1444 das direkt gegenüber dem Rathaus errichtete Versammlungshaus, den Schütting, bezog. Damit war auch optisch ein für alle Mal klar, welche Kräfte frei genug waren, auf die Entwicklung der Stadt maßgeblich Einfluss zu nehmen.

Die Schlachte.

20. DAS ERSTE KÜNSTLICHE HAFENBECKEN

Nachdem Bremen unter erzbischöflicher Macht als Rom des Nordens einen ersten internationalen Anerkennungserfolg errungen hatte, setzten die Seefahrer und Kaufleute alles daran, den Ruf der prosperierenden Hansestadt in aller Welt zu einem Begriff zu machen. Zwar kamen ihnen dabei bis weit ins 18. Jahrhundert ab und zu die damals üblichen kriegerischen Auseinandersetzungen, die Pest- und andere Epidemien, jede Menge Seeräuber und nicht zuletzt die Grafen von Oldenburg in die Quere. Letztere kassierten ab 1623 bei Elsfleth sogar ungerührt Weserzoll. Dennoch bauten die Bremer gezielt die Handelsverbindungen aus und errichteten ein backsteinernes oder verputztes Haus nach dem anderen. Fachwerkhäuser waren in der Hansestadt wegen ihrer leichten Brennbarkeit verpönt.

Außerdem scheuten die Bremer keine Kosten, um auch repräsentative Gebäude vorzeigen zu können – der von Lüder von Bentheim 1612 abgeschlossene Umbau des Rathauses zu einem Prachtexemplar der Weserrenaissance ließ ebenso keine Wünsche offen wie das 1619 fertiggestellte Festhaus der Gewandschneider und Tuchhändler – heute Sitz der Handwerkskammer. Der italienische Graf Galeazzo Gualdo kam bei einem Besuch 1663 zu der Einschätzung:

»Im Allgemeinen ist die Lage der Stadt hübsch, die Luft gesund. Die Straßen breit, recht freundlich und gut gepflastert. Die Häuser, fast sämtlich aus Backstein und Bruchsteinen erbaut, sind nett und bequem und gehören zu den bestangelegten in den alten Städten des Reichs.«

Ein Problem machte den Pfeffersäcken allerdings mehr zu schaffen, als ihnen lieb sein konnte. Ausgerechnet die über das Wohl und Wehe der ältesten deutschen Seestadt entscheidende Lebensader, die Weser, versandete so sehr, dass eines Tages größere Schiffe den Hafen an der Schlachte nicht mehr erreichen konnten. Was tun? Konkurrenzhäfen wie das von den Oldenburger Grafen gepäppelte Brake an der Unterweser freuten sich bereits über endloses Umschlagwachstum.

Kurz, eine echt bremische Problemlösung musste her; nichts Geringeres als das erste künstliche deutsche Hafenbecken. Es entstand ab 1616 gut 18

Kilometer stromabwärts in Vegesack. Hier konnten die Bremer Reederkaufleute fortan die Ladung auf Leichter umladen lassen, die dann die Schlachte ansteuerten. Das im Stil der Renaissance 1648 fertig gestellte »Havenhaus« für den Hafenmeister – inzwischen ein Hotel – und der alte Hafenspeicher, in dem das Vegesacker Geschichtenhaus die Stadtgeschichte von Bremen-Nord in Theaterszenen darstellt, erinnern an die alten Zeiten.

1786 erlebte *Anton Reiser*, der Held des psychologischen Romans von Karl Philipp Moritz, den Anblick des Vegesacker Hafens und staunte nicht schlecht:

»Den Nachmittag erreichte er Vegesack und betrachtete hier mit hungrigem Magen, was er noch nie gesehen hatte, eine Anzahl dreimastiger Schiffe, die in dem kleinen Hafen lagen. – Dieser Anblick ergötzte ihn ohngeachtet des mißlichen Zustandes, worin er sich befand, unbeschreiblich – und weil er an diesem Zustande durch seine Unbesonnenheit selber schuld war, so wollte er es sich gleichsam gegen sich selber nicht einmal merken lassen, daß er nun damit unzufrieden sei.«

Der Vegesacker Hafen entwickelte sich im 17. Jahrhundert zudem zu einem Stützpunkt für den Walfang in der Arktis und blieb dies bis 1872. Die Verwertung des Wals war lohnend. So wurden das Tranöl für Beleuchtungszwecke, das Fleisch für die Ernährung, der Lebertran für die Gesundheit und die Kieferknochen für die Schmuckherstellung benötigt, und das sicherte vielen Menschen ein Auskommen. Daran erinnert eindrucksvoll der als Torbogen gestaltete Walkiefer eines 24 Meter langen Blauwales. Er steht – seit 1987 als Bronzeguss – am *Utkiek* neben der Einfahrt zum Vegesacker Hafen.

Als die tief gehenden und zunehmend größeren Seeschiffe eines Tages auch Vegesack nicht mehr anlaufen konnten, beschloss der Bremer Rat unter dem diplomatisch versierten Bürgermeister Johann Smidt umgehend die Anlage eines noch zukunftssichereren, bis heute echt bremischen »Havens« direkt an der Nordseeküste. Die Bauarbeiten begannen 1827.

21. BREMERHAVEN AHOI

Auf die Idee, an der Geestemündung einen Hafen zu bauen, kam der seit 1821 amtierende Bremer Bürgermeister Johann Smidt (1773–1857) im Juni 1825. Da die Weser inzwischen so sehr verschlickt und versandet war, dass nur noch leichte Schiffe den Vegesacker Hafen und Bremen erreichen konnten, führte Smidt etwa ab 1825 Geheimverhandlungen mit dem Königreich Hannover über den Erwerb eines Landstückes am rechten Weserufer an der Geestemündung, genau dort, wo Ende des 17. Jahrhunderts die Schweden mit dem Versuch gescheitert waren, die Festungsstadt Carlsburg zu errichten. Und er war erfolgreich.

Am 11. Januar 1827 verkaufte das Königreich Hannover für 73.658 Taler eine Fläche von rund 89 Hektar zur Anlegung eines Hafens an Bremen. Nachdem am 28. Februar König Georg IV. von Hannover (zugleich König von Großbritannien und Irland) und am 9. März der Senat Bremens den Vertrag ratifiziert hatten, wurde am 1. Mai 1827 das Gebiet der neuen bremischen Colonie an die Behörden der Hansestadt übergeben.

Der Alte Hafen von Bremerhaven um 1830.

Zwei Monate später begann die Ausschachtung des Alten Hafens, der 750 Meter lang und 57,5 Meter breit werden sollte. Da es keine Maschinen für die Erdbewegungen gab – die Erde musste auf Pferdegespanne geschaufelt und dann zur Anlage eines neuen Weserdeiches umständlich abtransportiert werden – waren die Arbeitsbedingungen extrem hart.

Nicht zuletzt Johann Wolfgang von Goethe zeigte großes Interesse an dem voranschreitenden Hafenbau. Der Bremer Senator Dr. Friedrich W. Heineken übermittelte dem »Herrn Staatsminister« im Januar 1829 postwendend eine ausführliche Darstellung, in der er unter anderem darlegte, dass »mit holländischen Wasserbaumeistern ein Contract zur Erbauung des Havens und einen denselben öffnenden und schließenden Seedocks Schleuse« getroffen war. Und weiter:

»Der Bau begann am 1. July 1827 und war in Jahresfrist soweit gefördert, daß im July 1828 der Grundstein zu der neuen Schleuse … gelegt werden konnte. An Gedichten, deren eine solche Begebenheit wohl werth gewesen wäre, fehlte es bey dieser Gelegenheit, weil die Dichter, wie Sie selbst am besten wissen bey uns etwas dünn gesäet sind …«

Goethe goutierte die ausführlichen Informationen und kommentierte im Februar 1829:

»Müssen wir doch so viel von den englischen Doks, Schleußen, Canälen und Eisenbahnen uns vorerzählen und vorbilden lassen, *daß* es höchst tröstlich ist an unserer westlichen Küste dergleichen auch unternommen zu sehen.«

Die von eifrigen Tourismusförderern verbreitete Ansicht, Philemons Bericht am Schluss des *Faust* – er beginnt mit: »Kluger Herren kühne Knechte / Gruben Gräben, dämmten ein« – sei von Goethe quasi zur Schleusengrundlegung nachgereicht worden, geht fehl. Der Dichterfürst wurde erkennbar und zweifellos von seinen italienischen Eindrücken geleitet, als er die Szene entwarf.

Im Sommer 1830 ging der neue Bremer Haven in Betrieb, waren die Handelswege über den Seeweg in die Hansestadt Bremen wieder gewährleistet und zudem deutlich verbessert. Zwar lief am 12. September 1830 der erste in das neue Hafenbecken einlaufende amerikanische Segler auf Grund. Dennoch bezweifelte entgegen üblicher Unkenrufe kein Experte, dass die Investitionen sich auszahlen würden.

Hafen und Siedlung wuchsen schnell, 1832 registrierten die Behörden bereits mehr als zehntausend Auswandererinnen und Auswanderer, die in Bremerhaven an Bord gingen. Ihnen stand eine mehr als beschwerliche, durchschnittlich sechzig bis siebzig Tage dauernde Überfahrt zu den amerikanischen Zielhäfen bevor. Über die Emigrierenden, die sich im Juli 1840 auf einem Segelschiff in Bremerhaven auf die Abreise vorbereiteten, vermerkte Friedrich Engels, der damals in Bremen eine Lehre machte und unter dem Pseudonym Friedrich Oswald viel beachtete Artikel für Zeitungen wie Cottas *Morgenblatt für gebildete Leser* schrieb:

»Es waren Sachsen, die mit diesem Schiffe hinübergingen. Wir stiegen die Treppe hinab, um … hinab in's Zwischendeck zu gelangen. ›Da unten aber ist's fürchterlich‹, citirten alle meine Begleiter, als wir wieder hinauf stiegen. … Um das ganze Zwischendeck läuft eine Reihe Betten herum, mehrere neben einander und je zwei übereinander. Eine drückende Luft herrscht hier, wo Männer, Weiber und Kinder wie die Pflastersteine auf der Straße an einander gepackt liegen, Kranke neben Gesunden, alles zusammen. Man stolpert jeden Augenblick über einen Haufen Kleider, Geräthe u. dgl.; hier schreien kleine Kinder, dort hebt sich ein Kopf aus einem Bette. Es ist ein trauriger Anblick; und wie mag es erst seyn, wenn ein anhaltender Sturm alles über einander wirft und die Wellen über's Verdeck jagt, so daß die Luke, die allein noch frische Luft hereinläßt, nicht geöffnet werden kann! Und auf den bremischen Schiffen ist alles noch am menschlichsten eingerichtet. Wie es den Meisten ergeht, die über Havre gehen, ist bekannt. Wir besuchten nach diesem noch ein anderes, amerikanisches Schiff; es wurde gerade gekocht, und als eine deutsche Frau, die dabei stand, die schlechten Speisen und die noch schlechtere Zubereitung sah, sagte sie unter bittern Thränen: wenn sie das gewußt hätte, wäre sie lieber zu Hause geblieben.«

1845 verließen bereits über 30.000 Migrantinnen und Migranten das sich zum »Vorort von New York« mausernde Bremerhaven. Für die Reeder übrigens schon deshalb ein lohnendes Geschäft, weil ihre Schiffe für die Rückfahrt zu den deutschen Gestaden mit amerikanischen Exportwaren gefüllt wurden. Die Kommunikation zwischen Bremen und Bremerhaven erhielt 1847 durch die erste optische und elektromagnetische Telegrafenverbindung auf dem europäischen Kontinent zusätzlichen Schub. Das Königreich Hannover wiederum nahm auf dem südlichen Geesteufer, nur durch den Fluss getrennt, den Hafenort Geestemünde in Betrieb. Die in Konkurrenz zu Bremerhaven etablierte Neugründung wurde bald darauf erweitert.

1857 gründeten die Bremer Kaufleute Hermann Henrich Meier und Eduard Crüsemann die Aktiengesellschaft *Norddeutscher Lloyd* (NDL). Die Reederei nahm 1858 die Transatlantikfahrt auf, richtete Postdampferlinien und Bäderdienste ein und prosperierte zu einer der größten in der Welt.

Ab 1885 vermittelte der umtriebige Bremer Agent Johann Friedrich Mißler, der die Werbung ganz auf seine Person zugeschnitten hatte, der jahrzehntelang größten deutschen Reederei allein über 1,8 Millionen Emigrierende.

Für Bremen und seinen neuen Haven im Königreich Hannover erwiesen sich die vielfältigen Aktivitäten des *Norddeutschen Lloyd* als ungemein förderlich. Mit dem Pfund des weithin verbreiteten Rufs als führender europäischer Auswandererhafen ließ sich – zumal in geschäftlicher Hinsicht – gut wuchern. Gleichsam im Takt mit den immer größer werdenden Schraubendampfern des NDL mussten in Bremerhaven zudem stetig die Hafen-, Dock-, Werft- und Schleusenanlagen erweitert werden. 1892 entstand die Kaiserschleuse, um für die expandierenden Liniendienste genügend Hafenkapazität bereitstellen zu können. Sie galt damals als das größte Schleusenbauwerk der Welt. Die 305 Meter lange und 55 Meter breite Kaiserschleuse wurde 2011 nach einem Umbau neu eröffnet.

Über die bremischen Auswanderungshäfen verließen zwischen 1830 und 1974 mehr als sieben Millionen Migrantinnen und Migranten Europa – allein zwischen 1880 und 1914 waren es rund vier Millionen. Joseph Roth schildert in seinem 1930 vorgelegten Roman *Hiob*, wie die zur Auswanderung in die Staaten gezwungene Familie Singer in einer Baracke die Abfahrt des Dampfers abwartet. Endlich reißt um fünf Uhr morgens ein Beamter die Tür auf:

»Ein Seewind hatte ihn in die Baracke geweht. ›Aufstehen!‹ rief er ein paarmal und in allen Sprachen dieser Welt. Es war noch früh, als sie das Schiff erreichten. Man erlaubte ihnen, ein paar Blicke in die Speisesäle der ersten und zweiten Klasse zu werfen, ehe man sie ins Zwischendeck hineinschob.«

Der Bremer *Norddeutsche Lloyd* – er wurde 1970 mit der Hamburger *Hapag* verschmolzen und wanderte an die Elbe ab – bestimmte ein gutes Jahrhundert lang das Wohl und Wehe Bremerhavens und bewirkte das Entstehen eines beeindruckenden Hafenensembles. Insbesondere die »Pflege« der Beziehung zu den Hohenzollern und der preußischen Regierung – das Kaiserreich subventionierte zum Beispiel die Reichspostdampferlinien des NDL, und Preußen trat viel Land etwa für die Kaiserhäfen ab – zahlten sich zunächst wahrlich aus. Welche Zeiten unter Kaiser Wilhelm II. jedoch auch drohten, zeigte sich bereits im Juli 1900, als er in Bremerhaven vor nach China abkommandierten Soldaten betonte:

»Kommt Ihr vor den Feind, so wird derselbe geschlagen! Pardon wird nicht gegeben! Gefangene werden nicht gemacht. Wer Euch in die Hände fällt, sei Euch verfallen!«

Nach dem Ersten Weltkrieg saß der Norddeutsche Lloyd, der fast seine ganze Flotte verloren hatte, so gut wie auf dem Trockenen, litt die Bremerhavener Bevölkerung große Not. Ab Mitte der 1920er Jahre besserte sich die Lage deutlich, obwohl die Zahl der Auswandernden empfindlich zurückgegangen war. Fortan sorgten Geschäfts- und Urlaubsreisende für die Auslastung der Passagierschiffe auf den Atlantik- und anderen Routen. 1927 ersetzte die Reederei die nicht mehr für die Auswanderermassen benötigten Lloydhallen durch den Columbusbahnhof, verzückten die legendären, mit dem Blauen Band ausgezeichneten Luxus-Schnelldampfer Bremen (die vierte) und Europa (die dritte) Passagiere und Schaulustige gleichermaßen.

Soweit die kurze Fühlungnahme mit der älteren Geschichte der stadtbremischen Häfen in der historisch jungen Großstadt Bremerhaven. Im *Historischen Museum* Bremerhaven an der Geeste liegt die Vergangenheit für Interessierte sozusagen auf dem Präsentierteller.

22. AM PULS VON KLIMA UND GLOBALISIERUNG

Nachdem sich 1924 Lehe und Geestemünde zur Stadt Wesermünde vereinigt hatten, erweiterten die Nazis das neue Gebilde 1939 um Bremerhaven. Im Zweiten Weltkrieg wurde die als Wesermünde betitelte Seestadt von Bomberangriffen ungemein schwer ins Unglück gezogen. 1945 war die komplette Innenstadt unbewohnbar.

Für eine erste Wiederbelebung der noch halbwegs intakten Häfen sorgten die USA, die sie für Nachschubzwecke benötigten. Wussten die Soldaten, dass der Schlager *Lili Marleen*, den Marlene Dietrich 1943 in den Staaten populär gemacht hatte, im deutschen Soldatensender von der 1905 in Lehe geborenen Liese-Lotte Helena Berta Brunnenberg alias Lale Andersen gesungen wurde?

»Vor der Kaserne,
Vor dem großen Tor,
Stand eine Laterne
Und steht sie noch davor.
So woll'n wir uns da wiederseh'n,
Bei der Laterne woll'n wir steh'n,
Wie einst, Lili Marleen.«

Eine alte Laterne am Alten Hafen symbolisiert dieses Liedereignis unentwegt. Klänge dieser Ohrwurm ohne Kasernen nicht besser?

1947 feierte Bremerhaven die Wiederauferstehung, als Wesermünde in das Land Bremen eingegliedert und zugleich historisch eliminiert wurde. Nachdem zu Beginn der 1950er Jahre an der Columbuskaje wieder der planmäßige Passagierverkehr mit New York in Gang gekommen war, nahm Bremerhaven erneut seine traditionelle Vormachtstellung auf der Transatlantikroute ein. Ein Jahrzehnt später, just als der neue Bahnhof am Meer errichtet worden war und die inzwischen fünfte *Bremen* für Aufsehen sorgte, war die Herrlichkeit schon so gut wie vorbei, leitete der interkontinentale Flugverkehr das schmerzliche Ende der Linienpassagierschifffahrt ein, verklangen die von Kapellen gespielten Lieder: »Muß

I denn, muß I denn zum Städele hinaus …« Seitdem wird die legendäre »Kaje der Tränen« von Kreuzfahrtschiffen angelaufen.

Die auch »Fishtown« gerufene Nordseemetropole hat sich seit den 1970er Jahren deutlich verändert. Einen ersten unübersehbaren Markstein setzten 1978 die drei Hochhäuser des Columbus-Center. Bis zum Beginn des 21. Jahrhunderts gab es allerdings nur wenig Gold, das glänzte. Werftenkrisen, der fast völlige Wegfall der lange größten deutschen Hochseefischereiflotte, der Abzug der letzten US-Nachschubeinheiten und die Streichung vieler Hafenarbeitsplätze durch den Einzug hoch rationeller Logistikmethoden trieben die Arbeitslosenquote zeitweilig extrem hoch. Ein Drama für die Menschen in der nach Salz und Meer duftenden Stadt – die einladende Promenade zum »Pingelturm« gerufenen Leuchtturm Kaiserschleuse und zum Auswanderer-Denkmal tröstete wohl kaum darüber hinweg.

Seit dem Millennium ist in Bremerhaven trotz diverser Rückschläge vieles in Bewegung und vorangekommen, sorgen maritimes Flair, zahlreiche faszinierende Anlaufpunkte für Urlaubsgäste und täglich in den Häfen ein- und auslaufende Seeschiffe aller Größenordnungen für eine anregende Aufbruchstimmung.

Die Überseehäfen sind als stadtbremische Häfen mit einer Größe von 7,8 Millionen Quadratmetern die größte Hafenanlage Bremerhavens. Sie setzt sich zusammen aus dem Container-Terminal und Auto-Terminal, den Ro-Ro-Anlagen, dem Frucht- und Stückgut-Terminal sowie dem Kreuzfahrt-Terminal Columbuskaje. Die Häfen warten im tideabhängigen Bereich mit beeindruckenden Containerabfertigungsanlagen auf.

Die Erfolgsgeschichte des Container-Terminals begann 1968 mit dem ersten Spatenstich – inzwischen ist die Hafenanlage auf eine Gesamtlänge von fast fünf Kilometern gewachsen und bildet den viertgrößten Containerhafen Europas. Die – sage und schreibe – bislang längste zusammenhängende Stromkaje der Welt bietet 14 Liegeplätze für die Giganten der Meere.

Die über die Nord- und Kaiserschleuse erreichbaren Dock- beziehungsweise Überseehäfen sind das Drehkreuz für den Im- und Export diverser Waren. Das ausgedehnte Auto-Terminal für Im- und Exportfahrzeuge bis hin zu schweren Landmaschinen macht Bremerhaven seit Längerem zu einer der führenden Autodrehscheiben Europas, einschlägige Fahrzeugnachrüstungen werden hier von Spezialisten gleich mit erledigt.

Auf den durch die Kaiserschleuse bugsierten wenig schiffähnlichen Autotransportern sind jeweils – mindestens – siebentausend Pkw abgestellt.

Die seit 1857 aktive *Lloyd Werft* Bremerhaven ist weltweit bekannt für den exzellenten Um- und Neubau von Passagierschiffen, Prototypen und exklusiven Mega-Yachten. Sie verfügt über große Trocken- und Schwimmdocks sowie leistungsstarke Werkstätten und Logistikbereiche. Der Bau oder Umbau und die Reparatur erfolgt auch von Schiffen, die eine Länge von mehr als dreihundert Meter und einen Tiefgang von bis zu elf Meter haben.

Auf der *Lloyd Werft* mit dem 1,4 Kilometer langen Ausrüstungspier für Wartungsarbeiten entsteht natürlich viel Krach. Aber was macht das schon, wenn die Seebrise erfrischt und die Möwen lauthals kreischen.

Die rund um die Uhr von Globalisierung, Häfen, Werften und Fischauktionen gepuschte Seestadt hat nicht nur mit dem faszinierenden Zoo am Meer inzwischen eine Schokoladenseite zu bieten, die sie für eine ganz besondere Klientel ungewöhnlich anziehend macht: Wissbegierige aller Altersgruppen. Die Havenwelten in Bremerhaven sind jedenfalls immer einen Besuch wert. Sie umfassen das von Hans Scharoun entworfene Deutsche Schifffahrtsmuseum, wo nicht zuletzt die älteste Kogge der Welt bewundert werden kann; das futuristische *Atlantic Hotel Sail* mit der öffentlichen Aussichtsplattform auf 86 Meter bebauter Höhe, die einen Panoramablick über die Seestadt bis hin zur Wesermündung in die Nordsee gewährt; das Erlebnismuseum Deutsches Auswandererhaus am Neuen Hafen, einem der wichtigsten historischen Auswanderungshäfen Europas, in dem keine Frage zum Thema Migration offen bleibt; das in einem fast heimelig wirkenden Aluminiumgehäuse residierende Klimahaus® Bremerhaven mit einer knapp 40.000 Kilometer langen Route durch alle Klimazonen (genial verkürzt auf einen Kilometer) sowie das daneben angesiedelte Zentrum für Kaufrauschwillige.

Weitere Anziehungspunkte in der Seestadt sind das Historische Museum, das Polizeimuseum und weitere touristische Attraktionen wie etwa das Phänomenta Science Center. Es ist wahrlich kein leichtes Spiel, sich in Bremerhaven zu langweilen oder sich gar unterfordert zu fühlen. Weder angesichts der vielen historischen Schiffe im Museumshafen, nicht zuletzt dem Schulschiff *Deutschland* und dem Museums-U-Boot *Wilhelm Bauer*, noch im Schaufenster Fischereihafen, wo an und in einer alten Fischpackhalle und Reparaturwerft eine Flaniermeile angelegt wurde. Die Multivision im Fischbahnhof 360° veranschaulicht die Fischereigeschichte – der alte Seiten-Hochseetrawler *Gera* nicht minder.

Am Fischereihafen II mit seinem 1,5 km langen Kai liegen mehrere Hallen, in denen die von den Fabrikschiffen angelandeten Meeresschätze verauktioniert werden.

Das älteste in Deutschland erhaltene Trockendock am Geestufer nicht zu vergessen. Es entstand um 1844 auf dem Werftgelände von Friedrich Wilhelm Wencke. Überreste dieser 4,8 Meter tiefen Anlage sind erhalten geblieben. Seit der Restaurierung im Jahr 1979 sind die beachtlichen Dimensionen des Doppeltrockendocks von rund neunzig Metern Länge, 35 Metern Breite und 15 Metern Docktorbreite wieder sichtbar. Und wo bleibt *Hein Mück aus Bremerhaven*?

»In den fernsten Zonen,
Wo noch Menschen wohnen,
Ja, sogar im wilden Feuerland
Kennt man Hein Mück von der Waterkant.
Er ist ein Matrose,
Mit 'ner weiten Hose
Und die Mädchen die geraten ganz aus Rand und Band,
Seh'n sie Hein Mück von der Waterkant …«

Wird schon Werbung für die nächste Sail getrieben? Wenn in Bremerhaven eines der größten Windjammertreffen der Welt stattfindet, sind ganz bestimmt die Leinen los, und zwar in jeder Hinsicht …

Jenseits der Kennedy-Brücke erhebt sich das schiffsähnlich gebaute Alfred-Wegener-Institut für Polar- und Meeresforschung. Die Klimaforschung, die dort für gegenwärtige und kommende Generationen geleistet wird, kann nicht genug gewürdigt werden. Da die Polargebiete und die Meere einen ganz erheblichen Einfluss auf das globale Klimasystem haben, erforschen die wissenschaftlich Mitarbeitenden des Instituts die Arktis und Antarktis mit Hilfe des Forschungseisbrechers *Polarstern*.

Apropos Klima: 2022 wurde in der Seestadt unter dem Motto »Klimameile« für den nördlichen Teil der Bürgermeister-Smidt-Straße im Zentrum ein energetisches Quartierskonzept entwickelt. Es gilt, das große

Ziel Klimaneutralität etwa durch die Anlage zusätzlicher Grünflächen im Straßenraum und auf Dächern zu erreichen. In Bremen wurde dieses vorbildliche Pilotprojekt übrigens interessiert verfolgt – in der Innenstadt entstehen inzwischen erste »Klimastraßen«.

Geforscht wird in Bremerhaven zudem an den Instituten für marine Ressourcen, für Fischereiökologie und Seefischerei und an anderen mehr. Das Fraunhofer-Institut für Windenergie und Energiesystemtechnik deutet schon vom Namen her eine umweltfreundliche Zukunft an.

Bleibt die Frage, warum mit Blick auf die Einwohnenden in Bremerhaven nach wie vor von »Fischköppen« die Rede ist. Ganz einfach. Der tiefgefrorene Fisch und die Meeresfrüchte aus aller Welt gehen vielen Beschäftigten der seestädtischen Lebensmittelindustrie einfach nicht aus dem Kopf – schließlich arbeiten sie für den europäischen Marktführer *Nordsee* und den deutschen Marktführer *Deutsche See*.

Fischerboot auf der Außenweser 1965.

23. AB INS HAFENMUSEUM

Bremen blickt auf eine über tausendjährige Geschichte als See- und Handelsstadt zurück. Am Ende des sechsten Jahrhunderts entstand eine erste Kaimauer an der Schlachte, die dann ab dem 13. Jahrhundert als Haupthafen fungierte. Infolge der Verlandung der Weser entstand um 1620 in Vegesack der erste künstliche Hafen für seegängige Schiffe, in dem die Waren auf Kähne umgeladen und zur Schlachte nach Bremen weitertransportiert wurden. 1827 folgten die Gründung von Bremerhaven und die Anlage des Alten Hafens an der Wesermündung.

Nach einem kurzen Zwischenspiel als Napoleons *bonne ville* (1810–1813) erlebte Bremen im 19. Jahrhundert einen wirtschaftlichen und kulturellen Aufstieg, der bis zum Ersten Weltkrieg anhielt. Ab 1884 machten bremische Kaufleute zunehmend blendende Geschäfte mit den verschiedenen Rohstoffen aus den deutschen Kolonien, darunter Baumwolle, Edelsteine, Erze, Hanf, Kaffee, Kautschuk, Marmor, Mais, Öl und anderes mehr. Von 1884 bis zur 1919 erfolgten Abtretung (gemäß dem Versailler Vertrag) betrieb das Kaiserreich die Kolonien: Deutsch-Südwestafrika – heute: Namibia; Deutsch-Ostafrika – heute: Tansania, Burundi und Ruanda; Kamerun; Togo; Neuguinea – heute der nördliche Teil Papua-Neuguineas; Marshall-Inseln; Kiautschou; Karolinen, Palau und Marianeninseln – heute: Mikronesien; sowie Samoa-Inseln – heute: Westsamoa.

Einer der frühen Kolonial-Protagonisten war der Bremer Tabakkaufmann Adolf Lüderitz, dessen privat und betrügerisch erworbenes Areal in Südwestafrika die erste deutsche Kolonie wurde. Über ihn später mehr.

Während im »Vorort von New York« an der Wesermündung die Auswanderwilligen massenhaft in den Lagern und Wartehallen auf die Abfahrt – auch in die neuen Kolonien – warteten, gab es in der Hansestadt Bremen nur den von Flusskähnen erreichbaren Uferhafen an der Schlachte.

Da das in Bremerhaven nötige Umladen der Waren aus Übersee den bremischen Kaufleuten zu langwierig und kostentreibend wurde, drängten sie den Senat zu einem Mammutprojekt: den Bau stadtnaher Häfen für tiefgängige Frachtschiffe sowie die dafür erforderliche Vertiefung der versandeten Weser.

Die Bauarbeiten für den Freihafen I (Europahafen) begannen 1884. Im Oktober 1888 wurde der neue Hafen eröffnet – sechs Tage vor dem lange umstrittenen Zollanschluss Bremens ans Deutsche Reich und mehrere Jahre vor der sogenannten »Weserkorrektion«. Sie erfolgte ab 1887 nach den Plänen und unter der Leitung des Wasserbauingenieurs Ludwig Franzius (1832–1903). Mittels neuer technischer Verfahren wurde der mäandernde und versandete Strom für viele Millionen Mark begradigt und auf fünf Meter Tiefe ausgebaggert.

Als die Weserkorrektion 1895 beendet war, konnten die inzwischen eisernen Seefrachter das erste Mal seit vielen Generationen wieder Bremen selbst erreichen, hatte die Hansestadt einen in der Folgezeit stark frequentierten großen Handelshafen, der wegen des rasch wachsenden Stückgutumschlags in rascher Folge um weitere leistungsfähige Hafenbecken und -anlagen ergänzt wurde. So wurden 1892 der Holz- und Fabrikenhafen, 1906 der Freihafen II (Überseehafen) und 1910 die Industriehäfen in Betrieb genommen – letztere erhielten durch eine Schleuse abgeschlossene Becken.

Die Realisierung dieser Großtaten hatte Bürgermeister Otto Gildemeister (1823–1902) maßgeblich vorangetrieben. Er war zwischen 1871 und 1886 der bislang ungewöhnlichste Chef im Rathaus, genoss er doch den bis heute anhaltenden Ruf eines kongenialen Übersetzers von Lord Byrons Werken und den eines herausragenden Essayisten. Als Gildemeister 1902 verstarb, hatte seine politische Mitwirkung die Hansestadt sehr bereichert. Die großen Reedereien und sich während des Hafenausbaus rasch ansiedelnde Industrie- und andere Betriebe sorgten für zusätzlichen Schwung und begünstigten ein enormes Bevölkerungswachstum – 1875 zählte die Hansestadt erstmals mehr als 100.000 Einwohnende, 1910 bereits 245.000. Hinter Berlin und Hamburg wies Bremen damals den prozentual höchsten Bevölkerungszuwachs auf.

Ab den 1880er Jahren formierten die brummenden bremischen Freihäfen sowie der Holz- und Fabrikenhafen ein an die Stadtteile Walle und Gröpelingen grenzendes Revier, das für die Beschäftigten der 1877 gegründeten *Bremer Lagerhausgesellschaft* und den Seeleuten auf den riesigen Pötten vor allem harte Arbeit bot. Immerhin konnten kräftige Männer einfach auf den Schiffen anheuern oder in den Hafen gehen, wo es dann hieß: »Kannste Karre schieben, kannste Arbeit kriegen«.

Als im Mai 1966 das erste Containerschiff in Bremen eingelaufen war, dominierte zunächst weiterhin der beschäftigungs- und zeitintensive Stückgutumschlag das Geschehen im Übersee- und Europahafen, lagen die traditionellen Linienschiffe vier und noch mehr Tage lang an den Kajen, hängten Hafenarbeiter die Lasten an Kranhaken, nahmen in den Luken der Frachter die Stauer die Verzurrung der Ladung vor. Der Fahrzeugumschlag erfolgte noch langwierig mit Hilfe von Ladegeschirren, und die Besatzungen der konventionellen Frachtschiffe fanden ausreichend Zeit, ihre Heuer in den Bars und Kneipen an der Waller Küste in geistige Getränke und Animierdamen zu investieren.

In seiner nach einer berüchtigten Bar benannten Geschichte *Golden City* schildert der norwegische Steuermann, Journalist und Romancier Jon Michelet (1944–2018), wie es damals dort zuging.

»Die Waller Küste war etwas für Hartgesottene, besucht von US-Soldaten und Seeleuten aus aller Welt ... Eine Clique vom Schiff wollte in den ›erstbesten Laden‹ auf dem Kiez, um ein Bier zu trinken, nur ein kleines Bier ... Im ›Golden City‹ lungerten mehrere Frauen herum, bei denen es sich offensichtlich um Prostituierte handelte.«

Als ab den 1970er Jahren der Stückgutverkehr immer massiver zugunsten des Containerumschlags zurückging, erwiesen sich der Europa- und Überseehafen zunehmend als Klotz am Bein des Hafenressorts. Erneut rückte vor allem Bremerhaven in den Fokus der Planer, wo sie für die zumal immer größeren Containerschiffe die Anlage weitläufiger Terminals an der Stromkaje vorantrieben. Die Metallkisten sind jedenfalls inzwischen das Maß aller Hafendinge, und der Umschlag erfolgt so schnell, dass für Angehörige einer Schiffsbesatzung an Landgänge gar nicht zu denken ist.

Nun ist es gewiss nicht so, dass es keinen Stückgutumschlag mehr gäbe. So gehört der in den 1960er Jahren fertiggestellte Neustädter Hafen am linken Weserufer zu den führenden europäischen Terminals für Projektladung und Stückgut. Neben mannigfaltigen Schwergütern werden an den 2.400 Meter langen Kajen zum Beispiel große Bauelemente für Windkraftanlagen umgeschlagen.

Im rechts der Weser liegenden Industriehafen, dessen sieben Becken seit 1910 täglich von Frachtschiffen angelaufen werden, konzentriert sich gegenwärtig rund die Hälfte des stadtbremischen Seegüterumschlags. An den Kajen werden alle Arten von Waren geladen und gelöscht – darunter nicht zuletzt Baustoffe, Stahlerzeugnisse, Fahrzeug- und Anlagenteile.

Der Hüttenhafen versorgt die Stahlwerke eines Branchenriesen mit Erzen und Koks und dient dem Umschlag von Stahlprodukten.

In den beiden einst brummenden innenstadtnahen Freihäfen standen nach gut hundert Jahren jedoch die Krane plötzlich still und ließen sich keine Frachtschiffe und Hafenarbeiter mehr sehen. Nachdem sich der Senat im letzten Jahrzehnt des 20. Jahrhunderts zur Umstrukturierung des Freihafenbezirks und der beiden alten Hafenreviere entschlossen hatte, stand fest: Kein Handelsschiff wird mehr kommen.

Während der Europahafen stillgelegt wurde, verschwand der Überseehafen für immer – 1998 erfolgte die Verfüllung des Hafenbeckens mit rund 3,5 Millionen Kubikmetern Sand.

In einem der verbliebenen, mit vierhundert Metern Länge recht eindrucksvollen Speichergebäude (auch Sitz der Hochschule für Künste und gastronomischer Betriebe) überliefert das Hafenmuseum Speicher XI, wie Festmacher und Küper, Stauer, Schauer- und Talleyleute einst schuften mussten. Kaffeesäcke und Baumwollballen bewegten sich ja nicht von selbst und heute übliche Automatisierungstechniken gab es bestenfalls im Traum.

Während der Übersee- und der Europahafen ihrer eigentlichen Funktion verlustig gingen, begannen in Bremen, Hamburg und Hannover Gespräche über die Anlage eines Tiefwasser-Containerterminals in Wilhelmshaven. Also über einen Port, den – anders als Bremerhaven und Hamburg – auch die größten der immer größer werdenden Containerschiffe tideunabhängig anfahren können, um dort beladen und entladen zu werden.

2003 gründeten – nach dem Abwinken der Regierenden vom »Tor der Welt« an der Elbe – die Länder Niedersachsen und Bremen die *JadeWeserPort Realisierungs GmbH*. Nach einigen Pannen konnte schließlich am 21. September 2012 in Wilhelmshaven Deutschlands einziger Tiefwasser-Containerterminal eröffnet werden. Am Kai beträgt die Wassertiefe 18 Meter, sodass dort jederzeit voll beladene Schiffe abgefertigt werden können. In allen anderen deutschen Ports ist das nicht möglich.

Zwar streiten sich diverse Beteiligte darüber, ob sich der fast eine Milliarde Euro teure Bau für die Länder Bremen und Niedersachsen auch lohnen wird, aber wie es scheint, wird der lange belächelte Tiefwasserhafen im dritten Jahrzehnt dieses 21. Jahrhunderts zu einem Erfolgsprojekt. Die Ladungsmengen steigen jedenfalls ebenso wahrnehmbar wie das Engagement bedeutender Reedereien und Logistikunternehmen.

24. ÜBERSEE ALS STADT UND INSEL

Der einst handlungsleitenden Maxime: *navigare necesse est, vivere non necesse est* ist offenbar die Puste ausgegangen. Sie findet sich zwar noch als Inschrift am Haus Seefahrt in Bremen-Grohn, wo in mietfreien Wohnungen pensionierte Kapitäne mit ihren Familien eine Bleibe finden; die Losung *Seefahrt ist notwendig, leben nicht* aber teilen heutzutage weder die Skipper der härtesten Segelregatta der Welt noch den Ruhestand genießende Seebären.

Die 1545 gegründete, konfessionell unabhängige soziale Stiftung *Haus Seefahrt* kann sich als älteste noch tätige der Welt rühmen. Schließlich gehört zu den lobenswerten Regeln gewisser bremischer Persönlichkeiten seit Jahrhunderten der Wunsch, Menschen Not zu ersparen, solange man irgendwie helfen kann.

Nachdem der Überseehafen trotz notwendiger Seefahrt kurzerhand zugeschüttet und der Europahafen stillgelegt worden war, begann mit der Erstellung eines Masterplans im Jahr 2003 eines der größten städtebaulichen Projekte Europas: die Überseestadt. Die Entwicklung des rund dreihundert Hektar großen Hafenkonversionsgebiets nordwestlich der Innenstadt verlief rasanter als von vielen erwartet. Allerdings hat sie auch einige Planungsmängel offengelegt. So ist bei der Anlage der Verkehrsinfrastruktur etwa die umfängliche Anbindung an das Straßenbahnnetz versäumt worden und steht der 2002 in die Überseestadt verlegte Großmarkt gewiss nicht optimal mit der hohen Wohnnutzung in Einklang.

Die Umwandlung des alten Hafenreviers in den Ortsteil Überseestadt – die Fläche ist gut zweimal größer als die der neuen HafenCity in Hamburg und dreimal so groß wie Bremens historische Altstadt – ist weit fortgeschritten. Teile der alten Infrastruktur des Hafens, viele neue sowie aus umgebauten Schuppen und Speichern entstandene Büro- und Wohngebäude, Hotels, zahlreiche mehrstöckige Wohnanlagen mit Weserblick und diverse öffentliche Freiflächen verdeutlichen, dass hier ein völlig neuartiger Stadtteil aus dem Boden gestampft worden ist.

Wer an das Wohnen in oder den Kauf von Immobilien in der Überseestadt denkt, muss allerdings wissen, dass das Nebeneinander von Wohnen und industrieller Nutzung städteplanerisch gewollt und festgeschrieben ist. Eben deshalb gibt es einen vertraglich fixierten Grenzwert für den nächtlichen Lärm, der deutlich höher als in typischen Wohngebieten liegt. Schließlich ist neben dem Motorbrummen im Umfeld des Großmarkts der Holz- und Fabrikenhafen nebst Hafenbahn noch in Betrieb – einschließlich vieler Unternehmen der klassischen Hafenwirtschaft.

Die Überseestadt wächst nicht nur in die Länge und Breite, sondern auch in die Höhe. Nahe der Bürgermeister-Smidt-Brücke erhebt sich Helmut Jahns 82 Meter hoher Wesertower, am Kopf des Europahafens steht der gleich hohe *Zech*-Büroturm von Cobe Kopenhagen und an der Weser nahe dem Hafenbecken der 69 Meter hohe Landmark-Tower vom Architektenbüro Hilmes Lamprecht.

Apropos Europahafenkopf. Seit 2023 glänzt er mit seiner besonderen skandinavischen Architektur, die die Silhouette Bremens und das Ziegelrot der historischen Speicher spiegelt. Neben dem Büroturm prägen drei weitere markante Gebäude die fast ein Kilometer lange Zeile. Die beiden Lofthäuser und das Mobilitätshaus beinhalten mehrere hundert Wohnungen. Und die in der Erdgeschosslinie untergebrachten Restaurants, Cafés und Läden sowie die vielfältigen Freiflächen und Sitzgelegenheit am Hafenbecken deuten eine urbane Atmosphäre an, die bislang andernorts in der Überseestadt fehlt. Die im erhalten gebliebenen Europahafenbecken angelegte Sportboot-Marina bietet viel Platz – selbst für noch nicht gebaute Boote, Yachten und Katamarane segellustiger Freizeitkapitäne.

2016 gab die *Kellogg Company* bekannt, dass sie den einzigen deutschen Produktionsstandort schließen würde. Es handelte sich um das südlich des Europahafens auf einer Halbinsel direkt an der Weser liegende und weithin sichtbare Bremer *Kellogg's*-Werk mit eigener Hafenanlage und eigenem Verladebahnhof. Errichtet worden war die Produktionsstätte zur Herstellung von Cornflakes im Zuge des Wiederaufbaus des 1945 fast völlig zerstörten Hafengebietes. Die Unternehmung wuchs hinsichtlich der Produktpalette, des Produktionsgeländes und der Zahl der Produktionsanlagen bis kurz vor der plötzlichen Schließung. Als Ende 2016 die letzte *Kellogg's*-Packung vom Band lief, setzte das zugleich den Planungsprozess für ein weiteres neues Stadtquartier in Gang: die Überseeinsel.

»Hier werden Straßen zu Grünstreifen, Plätze zu Wohnzimmern und Quartiere zu Lebensräumen, in denen Wohnen, Arbeit, Bildung und Freizeit neben-, über- und miteinander stattfinden«, verspricht die zuständige

Überseeinsel GmbH. »Das Wasser der Weser und Bremens steife Brise versorgen sie mit Energie. Autos werden aus- und Menschen aus aller Welt werden eingeladen. Die Architektur erinnert an die Industrie-Geschichte des Ortes und denkt funktional an morgen.«

Ein Beispiel: In den Röhren des ehemaligen Getreidesilos von *Kellogg's* bietet das Hotel *John & Will* ungewöhnliche Zimmer an – mit Mini-Bag statt Mini-Bar, Bar-Ception statt Rezeption, keinem Fernseher aber schnellem Internet für Streams sowie Zimmerschlüssel via App.

Der laufende Wandel vom Gewerbe- und Industriegebiet hin zu einem urbanen und möglichst CO_2-neutralen Stadtquartier betrifft auch das gut drei Hektar große Grundstück an der westlichen Spitze der Überseeinsel, das die Firma *Rickmers Reismühle* an ein Bremer Wohnungsbauunternehmen verkauft hat. Die ehemalige Produktionsstätte wird umgebaut und in rund dreihundert Wohnungen verwandelt.

25. SUTSCHE PIANO

Jetzt mal – wie die Überschrift betont – ganz sachte.

Bremen ist eine Halbmillionenstadt mit allen dazugehörigen »Schikanen«. In der Kriminalitäts-Vergleichstabelle deutscher Großstädte mit mehr als 200.000 einwohnenden Personen eines Versicherungskonzerns belegt die Hansestadt seit 2020 hinter Frankfurt, Berlin, Hannover und Köln den fünften Platz – sie zählt anders als etwa Augsburg, München und Mainz nicht zu den sichersten größeren Städten.

In den Social-Media-Beiträgen und Leserbriefen zeigt sich denn auch seit Längerem eine wachsende Unzufriedenheit mit »vielfältigen Problemen«. Beklagt wird die Zunahme von Einbruchserien und Überfällen, die Ausbreitung der Drogenszene und wachsende Drogenkriminalität, die zunehmende Vermüllung öffentlicher Räume und nicht zuletzt die überbordenden Sachbeschädigungen durch Farbschmierereien und Tags. In der Tat gibt es kaum mehr ein Schild, Denkmal und auch alte (Sandstein-)Mauer, die nicht besprüht ist.

Bremen ist eine Halbmillionenstadt, in der mehr als ein Viertel der jungen und alten Menschen armutsgefährdet ist – ob aus dem Aus- oder Inland zugezogen oder nicht. Fast ein Fünftel von ihnen bezieht Transfereinkommen. In gut einem Dutzend der Bremer Ortsteile leben die Menschen in »verfestigter« Armut oder in bestenfalls bescheidenen Verhältnissen. Tausende von ihnen beschaffen sich notgedrungen täglich Lebensmittel von den Ausgabestellen der Bremer Tafel.

Nun hat der Bremer Senat – abgesehen von gewissen eigenen Versäumnissen – aufgrund der umfangreichen Steuerkompetenzen des Bundes nur eingeschränkte Möglichkeiten, die sozialen Zustände zu verbessern. Zwar können die Länder über den Bundesrat politisch mitentscheiden, die Freie Hansestadt Bremen hat jedoch nur drei Stimmen …

Gleiche Chancen beim Zugang zu Bildung, gut ausgestattete Schulen, kleine Klassen und engagierte Lehrerinnen und Lehrer, so heißt es, sind das Merkmal einer guten Bildungs- und Sozialpolitik. Im deutschen Ländervergleich liegt die Freie Hansestadt Bremen seit Längerem fatalerweise immer auf dem letzten Platz, erreicht der höchste Anteil von Schülerinnen und Schülern nicht die Mindeststandards. 2021 hatte jedes dritte Kind einer vierten Klasse in Bremen große Probleme beim Lesen und Rechnen und erhielt fast ein Fünftel der ausländischen Schülerinnen und Schüler keinen Schulabschluss.

Die vom Bremer Senat seit Jahren versprochenen Besserungen der Bildungspolitik sind bislang so gut wie ausgeblieben. Solange in der Hansestadt die schwierige soziale Situation vieler Schülerinnen und Schüler nicht verbessert wird, solange die Bildungsausgaben pro Schulkind im Vergleich zum Gesamtumfang des Landeshaushalts geringer als in allen anderen Bundesländern bleiben und der Fachkräftemangel weiter zunimmt, dürfte eine wirkliche Besserung der Bildungsvermittlung in der Hansestadt schwer realisierbar sein. Soweit zu einigen Malaisen.

26. WAT MUTT, DAT MUTT!

In der guten Stube Bremens sowie in den von der Mittelschicht dominierten Vierteln wird im Alltag Hochdeutsch gepflegt. In den von zugezogenen Menschen zur neuen Heimat erkorenen Quartieren werden hingegen vor allem türkische, syrische, iranische sowie osteuropäische Sprachen hörbar – in Bremen kommt gegenwärtig fast ein Fünftel der Einwohnenden aus nichtdeutschen Staaten und nimmt die Sprachenvielfalt zu.

In den ursprünglichen Zentren eingemeindeter Dörfer sowie in den landwirtschaftlich geprägten Ortsteilen des grünen Bremer Gürtels wird zumeist noch Plattdeutsch verstanden und teils aktiv gesprochen. Diese von der EU anerkannte Sprache pflegen engagiert die Expertinnen und Experten im Niederdeutschen Institut, einige Lehrkräfte im Schulunterricht sowie Theatergruppen, Vereine und Radio Bremen – plattdeutsche Nachrichten inbegriffen. Neben der jeweils am besten beherrschten Mutter- und geschäftsdienlichen Fremdsprache kommt zuweilen der mundgerechte bremische Regiolekt über die Lippen. Ein Nebeneinander von Hoch- und Plattdeutsch und Missingsch eben.

Bremisch wird seit *Djahrenden* trotz unentwegter Wiederbelebungsversuche nurmehr in homöopathischen Dosen gesprochen. Freundliche Zurechtweisungen wie: *Bischa mit'n Klammerbeutel gepudert, muss dich nich* ümmer *so haben* oder *Hol din Schott* einmal ausgenommen. Wer *Tünkram* oder *Dummtüch* erzählt, also spinnt oder Unsinn erzählt, könnte auf neugierige Leute treffen, die dann *Glupschaugen machen* oder plötzlich *einen Jieper* – sprich mächtigen Appetit – auf Kohl und Pinkel haben. Das von Politikern geschätzte: *Wat mutt, dat mutt* steht auf einem anderen Blatt.

Einige typische Merkmale des Bremischen sind ein häufiger Ausfall des T, Kontraktionen wie *dascha'n Ding,* Verkürzungen und Abschleifungen (etwa statt haben *ham*). Im Aussterben begriffen ist das »S-tolpern übern s-pitzen S-tein«. Im gegenwärtig um sich greifenden Denglisch stolpern die die in Bremen lebenden Personen eher über die korrekte Aussprache des an den Zähnen gebildeten Reibelauts, des stimmhaften und stimmlosen th-Lauts …

Nicht zu vergessen die bremisch-demokratischen Sprachregelungen. In der Wesermetropole heißt der Landtag politisch korrekt Bürgerschaft, das Kabinett klassisch Senat, und die Ausschüsse nennen sich Deputationen. Eine Bannmeile um das Rathaus gibt es nicht; sich als bürgernah verstehende Bürgermeister und Senatorinnen und Senatoren lieben ohnehin den begegnungsstiftenden Gang oder das Radeln durch die Innenstadt.

Wenn etwas getan werden muss, dann muss es das eben, in Norddeutschland steht dafür die Redewendung: *Wat mutt, dat mutt!* Eben deshalb gehörte der Bremer Bürgermeister Wilhelm Kaisen (1887–1979) zu den treibenden Kräften, die 1948 auf die Gründung der Bundesrepublik und eine durch den Parlamentarischen Rat zu erarbeitende Verfassungsgebung drängten. Der legendäre und mit allen Elbe- und Weserwassern gewaschene sozialdemokratische Politiker war es auch, der die damals umstrittene Gründung des westdeutschen Teilstaates als Provisorium erleichterte, indem er vorschlug, das geplante Regelwerk nicht »Verfassung«, sondern »Grundgesetz« zu nennen.

Bei den Verhandlungen der Ministerpräsidenten mit den Militärgouverneuren sorgte Wilhelm Kaisen zudem für den entscheidenden Durchbruch, der die Einberufung des Parlamentarischen Rates ermöglichte. Bundeskanzler Konrad Adenauer, gewiss kein Sozi, würdigte den bis zum Juli 1965 regierenden Präsidenten des Bremer Senats als einen Politiker, »der durch unermüdliche Arbeit mithalf, die Voraussetzungen für eine neue staatliche Ordnung in Deutschland zu schaffen.«

An den von der Nachkriegsbevölkerung hochverehrten Wilhelm Kaisen erinnern in Bremen u. a. die nach ihm benannte Große Weserbrücke und in Bremerhaven der Container-Terminal.

27. SPRUNGBRETT FÜR POLITISCHE KARRIEREN

Als Altmeister der Kunst im Umgang mit Menschen gilt Henning Scherf, der unzähligen Bürgerinnen und Bürgern sein freundliches »Tach auch, ich bin Ihr Bürgermeister!« kredenzte. Der 1938 geborene Sozialdemokrat, der ab 1995 an der Spitze des Senats wirkte, trat 2005 zurück, weil er »nicht mit den Füßen voran aus dem Rathaus getragen werden« wollte. Anschließend schrieb der dreifache Vater und neunfache Großvater einige Bestseller über das Leben im Alter.

Der Verfasser des 1788 publizierten kritischen Leitfadens zur Lebensphilosophie *Über den Umgang mit Menschen* – eine Benimm-Fibel wurde das Buch erst durch spätere Umschreibungen – war der Aufklärer Adolph Freiherr Knigge. Der entschiedene Verfechter der französischen Revolutionsideale hatte im August 1790 die in der Hansestadt frei gewordene Stelle eines Oberhauptmanns der kurfürstlich hannoverschen Besitzungen in Bremen übertragen bekommen. Zu seinen Pflichten gehörten die Finanzaufsicht über den Dombesitz und die Repräsentanz des Kurfürstentums Hannover

Die Große Weserbrücke mit Blick auf die Altstadt 1935.

gegenüber dem Bremer Rat. Knigge engagierte sich im Bremer Kulturleben und förderte ein Liebhabertheater, bis er ab 1795 stark kränkelnd ans Bett gefesselt wurde. Er verstarb am 6. Mai 1796 und wurde im St.-Petri-Dom beigesetzt, wo eine Grabplatte ihn würdigt.

Welche deutsche Großstadt kann eigentlich von sich sagen, dass ihr Bürgermeister zugleich als Bundesrats- und Ministerpräsident sowie als deutsches Staatsoberhaupt diente? Was für eine Frage. Bremen!

Im Juni 2010 bewährte sich den Leitmedien zufolge das Bremer Arbeiterkind Jens Böhrnsen in dieser Mehrfachrolle vorzüglich. Der 2005 zum Bürgermeister ernannte sozialdemokratische Politiker begegnete der Herausforderung in echt hanseatischer Manier: bedächtig und verhalten, bescheiden und höflich. Und an der nach dreißigtägiger kommissarischer Bundespräsidentenzeit stattfindenden Wahl seines Nachfolgers nahm der Herr der leisen und bestimmten Töne als Wahlmann der SPD auch teil.

Eine volle Amtszeit als Bundespräsident erlebte in den frühen 1980er Jahren der gebürtige Bremer Karl Carstens (1914–1992). Der CDU-Politiker kam durch den Bundestag an die Spitze der Bundesrepublik, der er ab 1976 als Präsident vorstand. Vor Carstens gab es zwei weitere Personen, die an deutsche Staatsspitzen kamen und in Bremen eine Weile gelebt hatten. Die in der Arbeiterbewegung früh auffällig gewordenen Politiker Ebert und Pieck.

Den Sattlergesellen Friedrich Ebert (1871–1925) zog es 1891 in die Hansestadt. Er übernahm Gewerkschaftsfunktionen sowie die Lokalredaktion der Bremer Bürgerzeitung. Im Mai 1894 heiratete der Sozialdemokrat die Kistenkleberin Louise Rump. Wie sich zeigte, noch gerade rechtzeitig, denn fünf Monate später hieß es in einer auf den Ruf der Sozialdemokraten als »vaterlandslose Gesellen« anspielenden Geburtsanzeige: »Ein kleiner Umstürzler ist angelangt.«

Um den Lebensunterhalt zu sichern, pachtete der junge Familienvater 1894 von der Kaiserbrauerei eine an der Brautstraße in der Neustadt gelegene Gaststätte. Die zum Zentrum politischer und gewerkschaftlicher Aktivitäten avancierende Restauration »mit Bierhalle und Billard« führte Ebert, bis er 1900 zum Arbeitersekretär berufen und als Vertreter der 4. Klasse in die Bremer Bürgerschaft gewählt wurde.

Als Abgeordneter und Fraktionsführer setzte sich Friedrich Ebert engagiert für die materiellen und sozialen Belange der bremischen Arbeiterschaft ein. Es gelang ihm zudem, den Parteitag der SPD 1904 nach

Bremen zu holen, den er dann umsichtig organisierte. Im Dezember 1905 – nach gut 14-jährigem Wirken in Bremen – zog Ebert mit seiner Familie nach Berlin, weil er zum Sekretär in den Parteivorstand berufen worden war. Nach einem kurzen Zwischenspiel als Reichskanzler wurde Friedrich Ebert am 11. Februar 1919 zum Reichspräsidenten gewählt.

Eine Bronzebüste im Rathaus, ein Bronzerelief im Haus der Bürgerschaft und die Friedrich-Ebert-Straße in der Neustadt erinnern an diesen Politiker, der Bremen als seine »zweite Heimat« bezeichnete. Ein anderes, auf dem Waller Friedhof gelegenes Denkmal erinnert indirekt an den Reichspräsidenten: Es ehrt die Gefallenen der Bremer Räterepublik. Friedrich Ebert höchstpersönlich befahl 1919 die militärische Niederschlagung des ab dem 7. November 1918 in Bremen herrschenden Arbeiter- und Soldatenrats, der am 10. Januar 1919 die Räterepublik proklamiert hatte. Die am 4. Februar durch Reichswehrtruppen und das Freikorps Caspari erfolgte blutige Eroberung Bremens forderte 75 Tote und viele Verletzte.

Das politisch in jeder Hinsicht komplexe Bremer Revolutionsgeschehen – kaum eine andere deutsche Stadt war damals politisch so zerrissen – blieb eine historische Episode. Die mit dem Bremer Literaturpreis ausgezeichnete Trilogie *Die Ästhetik des Widerstands* des in der Hansestadt aufgewachsenen Schriftstellers und Malers Peter Weiss (1916–1982) macht die Tage der Bremer Räterepublik unvergessen. Zitat:

»Diese Stadt, sagte mein Vater, in der die Patrizier in den Parkanlagen promenierten, in der die Warenlieferanten zu den geheizten Villen an der Contrescarpe, der Schwachhauser Heerstraße, kamen und in der in den Arbeitervierteln gehungert und gefroren wurde, diese Stadt, in der die verzweifelte Entschlossenheit, die Revolution weiterzuführen, mit dem Starrsinn des Althergebrachten konfrontiert wurde, lag nun als Angriffsobjekt auf den Planungstischen der Minister und Generäle. … Aber was kann ich dir denn darüber berichten, sagte mein Vater gequält, es läßt sich nicht erklären, was vorging, es raste alles an uns vorbei, es ist alles so anders gewesen, als es dann in den Büchern stand, alles, was uns anging, ist ausgemerzt worden, in den Zeitungen, den Zeitschriften waren nur immer Truppen zu sehn, die ihre Niederlage im Krieg durch den Sieg über das eigene Volk wettmachten.«

Bremen war von 1896 bis 1910 die ebenfalls 14-jährige Wahlheimat des Politikers Wilhelm Pieck (1876–1960). Der Sohn eines Kutschers kam nach einer Tischlerlehre über Marburg – wo er der SPD beigetreten war – im Oktober 1896 nach Bremen. Hier übernahm er umgehend sozialdemokratische und gewerkschaftliche Aufgaben als Kassierer und heiratete 1898 mit Christine Häfker quasi standesgemäß die Tochter eines Bremer Zigarrenmachers.

Nachdem Pieck im Gewerkschaftskartell zum Hauptkassierer bestimmt worden war, unterstützte er Ebert bei der Vorbereitung des für 1904 nach Bremen vergebenen SPD-Parteitages. Auf dem im September stattfindenden Kongress kam Pieck mit August Bebel ins Gespräch, der ihn für die Arbeiterbildungsarbeit gewann. Prompt folgten herausragende Sozialistinnen und Sozialisten wie Rosa Luxemburg, Karl Liebknecht und Clara Zetkin seinen Einladungen zu Schulungsveranstaltungen in der Hansestadt. 1905 wurde er als Vertreter der 4. Klasse in die Bürgerschaft gewählt und 1906 zum hauptamtlichen Sekretär der Bremer Sozialdemokraten berufen, die er auch auf den Parteitagen vertrat.

Im März 1910 verließ Wilhelm Pieck mit seiner Familie die Hansestadt gen Berlin. Er folgte wie vor ihm Ebert dem Ruf des SPD-Parteivorstandes, der ihm die Stelle des zweiten Sekretärs des Zentralbildungsausschusses angetragen hatte. 1914 gehörte Pieck zu den sich um Karl Liebknecht und Rosa Luxemburg sammelnden Gegnerinnen und Gegnern der sozialdemokratischen Kriegskreditbewilligung. Der Rest ist komplizierte Partei- und deutsche Geschichte – die SPD spaltete sich, und Wilhelm Pieck war Ende Dezember 1918 einer der Akteure im Spartakusbund, die die KPD gründeten. In den 1920er Jahren zählte er neben Ernst Thälmann zu den führenden Köpfen der Partei, ab 1928 diente er zugleich der Kommunistischen Internationale als Sekretär.

1946 übernahm Wilhelm Pieck mit Otto Grotewohl den Vorsitz der Sozialistischen Einheitspartei Deutschlands. Am 11. Oktober 1949 wurde der in Bremen politisch geschulte Politiker der erste und einzige Präsident eines Staates, der seit 1989/90 nicht mehr existiert – der Deutschen Demokratischen Republik.

28. SCHLÜSSEL ZUR WELT KLEMMT

Ein doch wirklich beflügelndes Wort lautet hierzulande: *Bremen – Schlüssel zur Welt.* Und, mit dem notorischen Seitenblick auf die mächtige Schwester: *Hamburg ist das Tor zur Welt, aber wir Bremer haben den Schlüssel dazu.*

Kapitäne der Hansestädte an der Ostsee – Lübeck zeigt eine Urkunde im Wappen – pflegten eine eher bedürfnisorientierte Lesart:

»Hamburg hatt so'n Turm in de Flagg, Lübeck 'n Papier, Bremen 'n Sloetel. Wi säden, Hamburg hett dat Schiethuus, Bremen den Sloetel, Lübeck den Moorswisch dorto, dat wissen de dree Fristaaten. De up't Hamborger Schiethuus will, mööt ihrst na Bremen un halen sik'n Sloetel.«

Da nur Bremen über den Schlüssel verfügt, sieht sich sozusagen das zumal in Hamburg erscheinende Wochenblatt *Die Zeit* gezwungen, ihn als Erkennungszeichen zu verwenden. Und das kam so. Von der ersten bis zur 13. Nummer zierte die Titelseite noch das Hamburger Wappen. Da der Hamburger Senat das jedoch als einen Missbrauch des Hoheitszeichens kritisierte – nur staatliche Stellen dürften das Wappen führen, hieß es – wurde als Lösung das Bremer Wappen genommen. Mit Genehmigung des Bremer Rathauses, versteht sich. Seit 1946 ziert der Bremer Schlüssel bereits die Titelseite der *Zeit.*

Was auch immer passiert, den Schlüssel, genauer gesagt, den Schlüssel Petri, führte Bremen schon in Siegel und Wappen, als es noch keinen föderativen Bundesstaat gab. Seit 1366, um genau zu sein. Petrus ist der Schutzheilige der Stadt, des Doms und des ehemaligen Erzbistums.

Als 1947 das Bundesland Bremen Gestalt annahm, erschienen die ersten Ausgaben des Nachrichtenmagazins *Der Spiegel.* Im Jahr 2011, als die griechische Tragödie die Europäische Union erschütterte, hieß es in dem mit der Freien Hansestadt in die Jahre gekommenen Magazin: »Bremen ist für Deutschland, was Griechenland für Europa ist.«

Anlass für diesen Befund war der hohe Schuldenberg des kleinsten deutschen Bundeslandes, der eine bedenkliche Haushaltsnotlage und Spardiktate zum Dauerzustand gemacht hat. Dem Stabilitätsrat von Bund und Ländern sind die aufgenommenen Schulden und zwangsläufig neu geplanten Verschuldungen nicht geheuer. Er besteht deshalb immer einmal wieder auf einschneidenden Sanierungsprogrammen. Bremen ist folglich nur mehr bedingt Schlüssel zur Welt, denn in die Schlösser der geldreichen Finanzwelt passt es irgendwie nicht.

Wie auch immer eines Tages die Schuldenproblematik des Zweistädtestaates gelöst werden wird – seit 2020 dürfen die Bundesländer im Prinzip keine neuen Kredite mehr aufnehmen –, »griechische Verhältnisse« wird und kann es schon deshalb nicht geben, weil die Bundesrepublik einspringen muss, denn in Deutschland ist ein Bundesland nicht insolvenzfähig.

Ganz zu schweigen von der verfassungsrechtlich gebotenen Beistandspflicht des Bundes und aller anderen Bundesländer (Länderfinanzausgleich). Das Grundgesetz verlangt bekanntlich gleichwertige Lebensverhältnisse in ganz Deutschland, die jedoch mit Blick auf das wachsende Süd-Nord-Gefälle vom real praktizierten Föderalismus kaum mehr gewährleistet werden.

Das Wohl und Wehe des Bundeslandes Freie Hansestadt Bremen beziehungsweise der beiden Städte Bremen und Bremerhaven hängt offenbar an einem seidenen Faden – nicht zuletzt an dem des Bundesverfassungsgerichts, das immerhin schon einmal urteilte, die Stadtstaaten würden zum »historischen Bestand der deutschen Staatsentwicklung« gehören. Nicht zu vergessen die Erkenntnis von Oscar Wilde: »Nur wer seine Rechnungen nicht bezahlt, darf hoffen, im Gedächtnis der Kaufleute weiterzuleben.«

Auch die alle Jahre wieder in politischen Niederungen thematisierte Neugliederung der Bundesländer, die im Kern auf die Drohung hinausläuft, dem Doppelstadtstaat Freie Hansestadt Bremen die Selbstständigkeit zu rauben, wird wohl so bald nicht mit einem Schwall Weserwasser weggewischt werden können. Freilich hieße es Eulen nach Athen tragen, daran zu erinnern, dass das Grundgesetz in Artikel 29 den Vollzug einer föderalen Neugliederung von der per Volksentscheid einzuholenden, mehrheitlichen Zustimmung der betroffenen Einwohnenden abhängig macht.

Da auch der immer einmal wieder thematisierte »Nordstaat« vom herkömmlichen Finanzausgleichssystem eher schlechter als besser bedient werden würde, käme der effiziente Häfen betreibende Zweistädtestaat in einem dann überwiegend binnenländisch ausgerichteten Großbundesland unter die Räder. Vor allem könnte er im Rahmen des hochkomplexen Mehrebenengetriebes der Europäischen Union den Bürgerinnen und Bürgern nicht länger die Identität und Gewissheit vermitteln, für die der steinerne Bremer Roland seit 1404 stoisch steht: *Vryheit do ik iu openbar.*

Bislang konnte sich die ehrwürdige Wesermetropole in ihrer langen Geschichte sowohl als unmittelbare Freie Reichsstadt wie auch als souveräne Freie Hansestadt ungebührlichen Territorialansprüchen anderer Mächte letztlich immer erfolgreich erwehren. Lediglich Napoleons Besatzern und Hitlers Schergen gelang es, Bremens Freiheit eine Zeit lang lang auszuhebeln.

Ein höchst vertrackter Impulsgeber dafür, dass Bremen heute gleichsam keine Handbreit Wasser mehr unter dem Kiel hat, ist das seit der »Großen Steuerreform« von 1970 praktizierte föderale Finanzausgleichssystem. Der Ökonom Rudolf Hickel bezeichnet es jedenfalls als Trugschluss, die extreme Haushaltsnotlage als Beweis für eine misslungene Stadtentwicklungs- und Wirtschaftsstrukturpolitik zu nehmen:

»Die Wirtschaftskraft und damit die originär erzeugte Finanzkraft spiegeln sich am Ende nicht in der effektiven Finanzausstattung des Stadtstaats Bremen wider. Vielmehr wird durch komplizierte Instrumente der Verteilung von Einnahmen auf den Bund und die Länder der Stadtstaat Bremen erst einmal arm gerechnet.«

Mit bordeigenen Mitteln allein könne die finanzielle Klemme des Bundeslandes Freie Hansestadt Bremen nicht behoben werden. Nur eine »Lösung für die Altschulden« ermögliche eine tragfähige *Lösung der Haushaltsprobleme,* verlautet es aus dem Haus des Reichs, wo im Treppenhaus die Goldmarie zur Gelassenheit mahnt. In dem Haus sitzt heute die Finanzverwaltung – das für die Norddeutsche Wollkämmerei erbaute dominante Gebäude war 1933 an das Deutsche Reich veräußert worden, weil die Firma pleite gegangen war.

Zur Not hilft eine Prise bremischen Humors. Der als Großmeister der Anekdote gerühmte Karl Lerbs hat eine Geschichte hinterlassen, die trefflich erhellt, welchen Herausforderungen sich die Finanzverwaltung des Zweistädtestaates gegenübergestellt sieht:

»Der weißbärtige alte Senator E., ein kluger und verdienstvoller Mann, dessen Hang zu puritanisch strenger Wirtschaftlichkeit in seinem nichtamtlichen Daheim zuweilen zum Geiz ausartete, ließ sich den Maurermeister Behnken kommen, um mit ihm Rat zu pflegen.

›Meister‹, sagte er, ›kucken Sie sich mal die Sandsteinstufe vor meiner Haustür an: Die is all ganz hohl.‹

›Das kömmt, weil daß da so viele Menschen auf treten‹, sagte Meister Behnken nach sachverständiger Prüfung.

›Das hab ich mir auch all gedacht‹, versetzte Senator E. nicht ganz ohne Ironie. ›Nun mein ich: Wenn Sie da nu 'ne neue hinlegten – was könnte das wohl netto kosten?‹

Meister Behnken zog einen Zollstock hervor, maß die Stufe aus, schob seinen Priem von Backbord nach Steuerbord, malte mit dem gipsbedeckten dicken Zeigefinger ein paar Zahlen in die Luft, seufzte und sprach: ›Tschä, Herr Senoter, das käme denn wohl auf sechs Thaler zu stehn.‹

›Nee‹, sagte Senator E. entschieden. ›Nee. Denn will ich Ihnen was sagen: Denn graben Sie die alte Stufe einfach aus und drehen se um.‹

›Das geht nich, Herr Senoter‹, antwortete Meister Behnken. ›Das geht pattuh nich.‹

›Un warum geht das nich?‹

›Weil daß Ihr Vadder auch all so schlau gewesen is.‹«

Die Bremer Häfen – auch in Bremerhaven – sind zweifellos Schlüssel zur Welt. Aber auch hier klemmt es, denn in den kommenden Jahren werden allein die Investitionen in den Erhalt der Kajeninfrastruktur und für neue Hafeninfrastrukturprojekte etwa zur Absicherung der Energiewende einen dreistelligen Millionenbetrag erfordern. Die Freie Hansestadt Bremen und die anderen Häfen betreibenden Bundesländer drängen daher den Bund, für diese »Aufgaben von nationaler Bedeutung« sein bisher sehr schmales finanzielles Engagement um ein Vielfaches zu verstärken. Wie es scheint, wird jedenfalls Bremen die Hafenlasten ohne eine deutlich größere Hilfe vom Bund nicht zukunftsgerecht tragen können.

29. WAGEN UN WINNEN

Buten un binnen, wagen un winnen lautet die Devise der bremischen Kaufmannschaft, die 1899 über dem Rundbogen des Schütting-Portals eingemeißelt wurde. Ersonnen wurde sie vom Bremer Essayisten, Übersetzer, Senator und Bürgermeister Otto Gildemeister.

Gegenwärtig ergeben sich aus den Veränderungen in den globalisierten Märkten, der Digitalisierung, der stärker werdenden Polarisierung von Armut und Reichtum, dem immer besorgniserregenderen Klimawandel, den unkalkulierbaren Pandemien und der zunehmenden Migration für die Hafen- und Handelsstadt Bremen neuartige Herausforderungen.

Da zudem der europäische Integrationsprozess den regionen- und länderübergreifenden Wettbewerb um Unternehmensansiedlungen, wissenschaftliche und touristische Einrichtungen, Verkehrsanschlüsse, Häfenauslastungen, Fördergelder usw. immer intensiver werden lässt, müssen die gestaltungs- und entscheidungsfähigen Verantwortlichen in der Hansestadt wahrlich viel wagen und – möglichst – winnen. Dass sie es zumindest konnten, zeigt der Blick in die jüngere Vergangenheit.

Heftige Strukturkrisen zu meistern, gelingt nicht überall. In einer traditionsreichen Hansestadt aber durchaus. So lebt Bremen seit dem späten 20. Jahrhundert nicht mehr von den Großwerften *AG Weser* und *Bremer Vulkan*, die zehntausenden Menschen Arbeit gaben und dann »abgewickelt« wurden. Bremen lebt nicht mehr von legendären Groß- und Linienreedereien wie dem *Norddeutschen Lloyd* oder der *DDG Hansa* – selbst die im frühen 21. Jahrhundert einen Moment lang Weltgeltung behauptende Schwergutreederei *Beluga* ist längst zerschlagen und zu einer Fußnote der Schifffahrtsgeschichte abgesunken. Bremen lebt nicht mehr von den in den 1960ern gerühmten *Nordmende*-Werken und der einst weltbekannten Bremer Wollkämmerei in Blumenthal, die bis zu fünftausend Einwohnenden Arbeit gab. Bremen lebt auch nicht mehr von der *Brinkmannschen Zigarrettenfabrik*, der einst größten in Europa, deren Kippen längst verglimmt sind.

Wobei entgegen allen Rauchverboten nicht vergessen werden sollte, dass die Tabakbranche gut 150 Jahre lang erheblich zur hiesigen Wohlstandsmehrung beitrug. An den einmal sehr bedeutenden Industriezweig erinnert der – nikotinfrei zu verstehende – Name Tabakquartier in Woltmershausen sowie in der Neustadt die bereits erwähnte Bronzeplastik *Die Zigarrenmacher* von Holger Voigts. Wer sie betrachtet, sollte wissen, dass die Männer vom Buntentor fast 14 Stunden täglich Zigarren drehten und dennoch *aame Deubel* blieben. Eben deshalb »rollten« sie im Jahre 1849 gleichsam eine der ersten deutschen Gewerkschaftsorganisationen an den Start. Sie erhielt den vielversprechenden Namen »Vorwärts«.

Mit dem Kurswechsel vom Überseehafen zur Überseestadt und Überseeinsel haben die Hansestadt Bremen und die involvierten Unternehmen seit dem Millenniumswechsel bewiesen, wie vergangenheitsbewusst sie Gegenwart zu nutzen wissen, um für die Zukunft wirklich Land zu gewinnen.

Ein ebensolcher Kurswechsel erfolgte zu Beginn des letzten Jahrzehnts des 20. Jahrhunderts durch die Umwidmung eines zehn Meter hohen und aus dunkelroten Oldenburger Klinkern gemauerten Elefanten, ein Tier-Monument, das 1931 nach einem Entwurf des faschistischen Bildhauers Fritz Behn errichtet worden war. Ab 1932 diente der Elefant im heutigen Nelson-Mandela-Park hinter dem Bremer Hauptbahnhof als zentrales deutsches »Reichskolonialehrenmal«.

Nach der Befreiung 1945 ging das Monument der kolonialrevisionistischen Funktion verlustig, stand nur noch in Wind und Wetter so da. Als am 21. März 1990 Namibia seine Unabhängigkeit erlangt hatte, wurde knapp zwei Monate später am 18. Mai der Bremer Elefant bei einem Freiheitsfest offiziell in Anti-Kolonialdenkmal umbenannt. Er mahnt nun, die völkermörderischen Taten in den deutschen Kolonien nicht zu verharmlosen. Bürgermeister Klaus Wedemeier betonte beim Freiheitsfest:

»Kein Kontinent unserer Erde ist durch den europäischen Kolonialismus derart zerstückelt, ökonomisch und ökologisch zerstört und in seiner Identität verletzt worden wie Afrika.«

Beim Gedenken an die Opfer geht es um den Krieg der kaiserlichen Kolonialtruppen gegen die Herero und Nama. Besonders grausam agierten die deutschen Soldaten von 1904 bis 1908 in Südwestafrika. Zehntausende Menschen wurden von ihnen ums Leben gebracht. Aus der Sicht vieler Historikerinnen und Historiker begingen die Kolonialtruppen den ersten Völkermord des 20. Jahrhunderts.

Zu den unrühmlichen Akteuren der Kolonial- und Bremer Geschichte zählt der Kaufmann Adolf Lüderitz. Er betrog 1883 mit einem

Missionar die Namas im heutigen Namibia beim Kauf umfangreicher Ländereien. Uwe Timm vermerkt in seinem Buch *Deutsche Kolonien*, dass Lüderitz die Namas im Glauben beließ, »dass dieser Vereinbarung die ihnen bekannte englische Meile zu Grunde läge, er aber im Vertrag – den nur der Missionar lesen konnte – die geografische Meile festschrieb. So hatten die Namas ein Gebiet verkauft, das fast fünfmal so groß war, als sie annahmen.«

Buten un binnen, wagen un winnen – das gilt im Bundesland Freie Hansestadt Bremen heute in viel größerem Stil als zu Otto Gildemeisters Tagen, gehört es doch zu den maßgeblichen deutschen Industrie-, High-Tech- und Wissenschaftsregionen. In Stadtteilen wie Gröpelingen und Walle, der Neustadt und Woltmershausen, in Horn Lehe und Hemelingen sowie in Bremerhaven lässt sich das ausreichend hören, riechen und in Augenschein nehmen – einige Unternehmen bieten über die Touristik-Zentrale Besichtigungen an.

In Houston, Toulouse und sogar Hamburg, wo *Der Spiegel* und die *Die Zeit* zuhause sind, arbeiten Leute, die wie aus der Startrampe geschossen zu sagen wissen, dass Bremen mit seinen mehr als 140 hoch qualifizierten Unternehmen und zahlreichen Forschungseinrichtungen zu den international führenden Raum- und Luftfahrtzentren gehört. Seit 1961 bildet die Branche zudem einen wesentlichen Stützpfeiler der bremischen Industrie. Die im Weltraum kreisende Raumstation ISS wurde hier mitgebaut, Raumfahrtprodukte wie Galileo-Satelliten und Antriebsbauteile für die Rakete Ariane stammen ebenso aus bremischer Produktion wie wichtige Module für Airbus-Flugzeuge.

Die in den 1970er Jahren gegründete und von der Hansestadt allein finanzierte Universität Bremen mit ihren über 20.000 Studierenden genießt in der deutschen und europäischen Forschungsgemeinschaft einen exzellenten Ruf. So wurde Bremen 2005 als erste deutsche Stadt zur *City of Science* erhoben und erfolgte 2012 die Klassifizierung der Uni als *University of Excellence* – als eine von lediglich elf in Deutschland.

In diesem forschungsgesättigten Bild agieren zahlreiche weitere, sowohl gewerblichen wie Forschungszwecken dienende Parks und Hochschulen – natürlich auch für Nautik. Neben der in Bremen-Grohn angesiedelten privaten und nur englischsprachigen *Constructor* University gedeiht der Bremer Science Park.

Im bei der Universität Bremen angesiedelten Technologiepark entwickeln tausende High-Tech-Spezialistinnen und Wissenschaftler alle möglichen Dinge und Verfahren. Hiesige Wirtschaftsförderer neigen gleichsam berufsbedingt zu Übertreibungen, wenn sie beschreiben sollen, was Wirtschaft, Forschung und Lehre – neudeutsch: die Community of Science and Economy – im Technologiepark alles auf die Beine stellen: »Einen ständig wachsenden und in sich immer dynamischer werdenden Brain-Pool auf dem Hightech-Sektor. Ein Hochkonzentrat an Know-how und Kompetenz.«

Und was überragt die Bremer Uni, für die Projektstudium und Interdisziplinarität von Beginn kein Fremdwort waren, und den Technologiepark? Der 146 Meter hohe Fallturm des ZARM – Zentrum für angewandte Raumfahrttechnik und Mikrogravitation an der Bremer Universität. In seiner Röhre laufen die Experimente in Schwerelosigkeit (der freie Fall dauert bis zu zehn Sekunden lang). Der Bremer Fallturm ist eine weltweit einmalige Forschungseinrichtung.

Im Jahr 2000 öffnete das vom Architekten Thomas Klumpp entworfene, über dem Wasser schwebende und futuristisch metallene Gehäuse des Universum® Bremen als eines der ersten Science Center in Deutschland seine Türen. Das im Vorfeld der Universität gelegene Wissenschaftsmuseum entwickelte sich rasch zu einem Publikumsmagnet. Hier können die Themenwelten Mensch, Erde und Kosmos mit interaktiven Exponaten erschlossen werden und langweilen sich weder jüngere noch ältere Interessierte garantiert nicht.

Die neue Airportstadt beim drittältesten deutschen Flughafen, dem heutigen Bremen Airport Hans Koschnick im Neuenlander Feld – es wurde ab 1909 zunächst von dem Bremer Verein für Luftschifffahrt genutzt –, besteht aus modernen Büro- und Hallenkomplexen. Sie ist so etwas wie ein Magnet für kommunikationsorientierte Dienstleister.

Diese Gegend am Rand der Neustadt beflügelte bremische Aerodynamiker und Leichtbauspezialistinnen bereits vor einem Jahrhundert. Ein Beispiel: Der erste tatsächlich senkrecht startende und leistungsfähige Hubschrauber der Welt, so hieß es lange, sei von dem US-Ingenieur Igor Sikorsky erfunden und erprobt worden. Er selbst, und das zeigt seine menschliche Größe, korrigierte diese Darstellung später in seinen Lebenserinnerungen. Es war der Bremer Ingenieur Henrich Focke (1890–1979), der diese Leistung vollbrachte. Am 26. Juni 1936 hob sein *FW61* genannter Hubschrauber auf dem Neuenlander Feld zum ersten Jungfernflug ab.

Hervorhebenswert ist allemal die Logistikbranche, fast jeder fünfte Arbeitsplatz dient hierzulande dem Güterumschlag.

Das verkehrstechnisch günstig im Hinterland des Neustädter Hafens gelegene Güterverkehrszentrum (GVZ) steht europaweit an der Spitze. Die international hochgelobte Schnittstelle im intermodalen Güterverkehr bezweckt eine effiziente Produktversorgung und die termingerechte Belieferung von Endkunden. Die zahlreich hier angesiedelten Unternehmen der Logistikbranche steuern die Prozesse gleichsam im Sekundentakt. Das Logistikzentrum der *Bremer Lagerhausgesellschaft* weist die größte Hallendach-Solaranlage Deutschlands auf und nutzt ein ganzheitliches Energiekonzept.

Der größte private Arbeitgeber der Hansestadt ist – nach Peking – der zweitgrößte *Mercedes*-Produktionsstandort weltweit: das Mercedes-Benz Werk Bremen mit rund zwölftausend Beschäftigten. Auf der Werksfläche in Sebaldsbrück werden zehn Modelle hergestellt; für die C-Klasse ist die moderne Produktionsstätte das weltweite Kompetenzzentrum. Seit einiger Zeit laufen von den jährlich im Dreischichtsystem bis zu 400.000 produzierten Pkw immer mehr als EQ-Elektrofahrzeuge vom Band. Das ans Werk angrenzende Kundencenter liefert täglich bis zu 160 Fahrzeuge aus, bietet Werkführungen und Fahrten auf einem Offroad-Parcours an.

Nun werden so manche einwenden: Schön und gut, aber richtig bremisch war doch nur die Unternehmensgruppe vom Ingenieur und Automobilfabrikanten Carl F. W. Borgward (1890–1963), dessen 1954 vorgestellte Borgward Isabella sich zu einem großen Verkaufserfolg in der Mittelklasse entwickelte. Die Borgward-Gruppe beschäftigte 1960 fast 23.000 Männer und Frauen und war – wie heute Mercedes – der größte private Arbeitgeber Bremens. Allerdings hielt Carl F. W. Borgward nichts von Elektroautos. Aber das ist ein Kapitel für sich.

30. VORFAHRT FÜR ELEKTROMOBILE

Die Erfolge von *Borgward* (bis zum Zusammenbruch 1961) und anhaltend *Mercedes* sollten nicht in Vergessenheit geraten lassen, dass Bremen bereits viel früher eine der deutschen Hochburgen der Automobilproduktion war – und zwar einer, die neuerdings wieder im Fokus des Interesses steht: der von Elektrofahrzeugen. Der Aufschwung begann 1906, als in der Hastedter Föhrenstraße die *Norddeutsche Automobil- und Motorenfabrik AG* aktiv wurde.

Die Gründung der *NAMAG* genannten Firma hatte der damalige Generaldirektor des *Norddeutschen Lloyd*, Heinrich Wiegand (1855–1909), betrieben, um unabhängiger vom Kerngeschäft zu werden. Beteiligte an dieser neuen Tochtergesellschaft der Reederei waren die Pariser *Sociéte des Voitures Électriques*, die Bremer *Norddeutsche Maschinen- und Armaturenfabrik* und ein Bankenkonsortium. Der französische Partner zählte zu den frühen Treibern der Elektromobilentwicklung in Europa. Nach den Patenten von dessen Gründer Louis Antoine Kriéger entstanden ab 1906 im Bremer Werk überwiegend Elektrofahrzeuge für Gewerbetreibende: Last- und Lieferwagen, Omnibusse und Taxis. Die Aufbauten der Fahrzeuge stellte die von der *NAMAG* aufgekaufte Bremer *Wagen- und Carosseriefabrik Louis Gärtner AG* her.

Nachdem 1907 in der großzügig dimensionierten Fabrik die ersten 22 Fahrzeuge hergestellt worden waren, übernahm die neu formierte *Bremer Droschken-Aktiengesellschaft* die Bewirtschaftung der Elektrotaxen. 1911 waren 15 von ihnen in Betrieb, die mit 28 Batteriesets der Firma *Afa* betrieben wurden. Zu jener Zeit gingen Experten hoffnungsvoll davon aus, die »glatte Asphaltfläche der großen Städte« würde zukünftig von »mit Sammlerelektrizität getriebenen Wagen« belebt sein. In Bremen aber blieb das Geschäft schwierig, weil die Straßen schlecht waren und die Taxen häufig repariert werden mussten. Als während des Ersten Weltkriegs die Gummireifen ausblieben, ging dem E-Betrieb völlig die Luft aus. 1917 fuhr keine Elektrodroschke mehr in Bremen.

Die *NAMAG*, die 1913 die erfolgreichen Vareler *Hansa-Automobilwerke* übernommen hatte, stellte den Bau von Elektromobilen jedoch keinesfalls ein. Unter dem ab 1914 gültigen Firmennamen *Hansa-Lloyd-*

Werke AG produzierte das Unternehmen fortan tausende Elektrolastwagen und -karren. Vor allem die Deutsche Reichspost, aber auch die Fischereihafenfirmen in Bremerhaven sowie Molkereien, Brauereien und Müllabfuhrbetreiber setzten auf die *Lloyd*-Mobile aus Bremen. Von den 1.200 Elektrolastwagen, die 1928 höchst erfolgreich im Postdienst eingesetzt wurden, trugen gut die Hälfte das *Lloyd*-Markenzeichen.

Carl F. W. Borgward machte sich zu Beginn der 1920er Jahre einen Namen als Automobilindustriezulieferer mit Sitz in der Neustadt. 1924 entwickelte der Ingenieur den legendären dreirädrigen Blitzkarren für Gewerbetreibende; hinzu kam der dann jahrzehntelang verkaufte Goliath-Dreiradwagen – beide wohlgemerkt mit Zweitaktmotoren. 1928 deckte der Bremer Hersteller ein Viertel des gesamten deutschen Marktes an Kleinlieferwagen ab.

Bedingt durch die Weltwirtschaftskrise konnte Carl F. W. Borgward 1930/31 die *Hansa-Lloyd Werke* erwerben und führte sie zunächst als *Hansa-Lloyd- und Goliath-Werke* weiter. Der Unternehmer war jedoch kein Freund der Elektromobilität – er setzte auf Benzin- und Dieselantriebe. 1938 öffneten die stark in die Aufrüstung des vermeintlich »Tausendjährigen Reichs« eingebundenen *Carl F. Borgward Automobil- und Motorenwerke* ihre Tore im Bremer Ortsteil Sebaldsbrück. Zu jener Zeit war der Glanz Bremens als bedeutender Elektroautomobilproduktionsort bereits verglommen. Wie es scheint, erhellt der Mercedes-Stern ihn gerade wieder.

Nachdem 1961 der damals viertgrößte deutsche Automobilhersteller Carl F. W. Borgward in Konkurs geraten war, verloren viele Arbeiter und Arbeiterinnen ihren Arbeitsplatz in der Automobilfabrik in Sebaldsbrück. Das Werk wurde von der hannoverschen *Hanomag* übernommen. 1971 bekam es durch *Daimler-Benz* wieder einen neuen Eigentümer, der zwar die leichten Harburger Transporter von *Hanomag* weiterbauen ließ, aber zuletzt ausschließlich als Mercedes-Fabrikate verkaufte. Schließlich sorgte das Verhandlungsgeschick des langjährigen Bürgermeisters Hans Koschnick (1929–2016) wieder für die Pkw-Produktion und ausgelastete Produktionshallen in Bremen, denn *Daimler-Benz* beschloss schließlich den Aufbau eines Werks für die Fabrikation des sogenannten Baby-Benz, der 1982 als damals kleinster Mercedes-Pkw 190 auf den Markt kam. Seitdem sind (bis 2023) mehr als neun Millionen Autos »Made in Bremen« von den hocheffizient betriebenen Bändern gelaufen – nur eben mit einem Stern, nicht mit Borgwards Raute drauf.

Zur heute so begehrten Elektromobilität hier noch ein historischer Nachtrag. 1890 schauten viele Städte genau hin, als während einer aufwendigen Gewerbeschau in der Hansestadt die Betreiber der Bremer Pferdebahn eine elektrische Versuchsstrecke vom Ausstellungsgelände am Bremer Bürgerpark zur Börse am Markt legten.

Eingesetzt wurde erstmals das amerikanische Thomson-Houston-System, das heißt, der Strom wurde revolutionär neuartig aus einer Oberleitung zu den Motoren übertragen. Zum Erstaunen der Zeitgenossen bewährte sich der Betrieb. Die zuständigen Herren beschlossen daraufhin die Übernahme des Systems.

Die erste Strecke, die nach der Gewerbeschau von der heute noch bestehenden *Bremer Straßenbahn AG* elektrifiziert wurde, war die nach Horn. Sie ging im Mai 1892 in Betrieb. Andernorts nahmen die Herren zur Kenntnis, dass Bremen einen Schritt voraus war. Die Freie Hansestadt steht seitdem als Geburtsstadt der ersten europäischen elektrischen Straßenbahn mit Oberleitungsbetrieb in den Annalen.

Alte Straßenbahnen am Markt 1895.

31. EINE STADT OHNEGLEICHEN

Helmut Hafner, langjähriger Mitarbeiter der Bremer Senatskanzlei und Beauftragter für kirchliche Angelegenheiten, der zahlreiche Vereine und Initiativen auf den Weg brachte, erhielt im September 2023 den Ehren-Kültürale-Preis für sein Lebenswerk, weil er sich in der Hansestadt in besonderer Weise für das Verhältnis von Menschen mit und ohne türkische Familiengeschichte eingesetzt hat. Dr. Hafner bedankte sich für die Ehrung mit einer Rede, die in einer »Zukunftshoffnung für Bremen« gipfelte. Sie lautet:

»Bremen soll eine offene Stadt bleiben, offen für unruhige Gedanken, die schöpferisch sind, für die Wahrheit, die schmerzhaft sein kann, für Gerechtigkeit, die mehr ist als Recht, für Menschlichkeit, die mehr ist als eine Phrase. Bremen soll eine offene Stadt sein für alle und für die anderen und für ihr Recht, anders zu sein. Ich wünsche uns Bremen als eine Stadt, in der die Hoffnung ein Zuhause hat.«

Zu guter Letzt darf das Wichtigste nicht fehlen – die Beleuchtung des bremischen Wesens an sich. Die Schauspielerin Sabine Postel aus Neustadt am Rübenberge – sie spielte im *Tatort* die Bremer Hauptkommissarin Inga Lürsen – bekannte einmal: »Ich liebe die … Bremer besonders, weil sie einen guten trockenen Humor haben, und weil sie gradlinig sind, schnörkellos und unheimlich herzlich.«

Ist damit alles gesagt? Nicht ganz.

Welchen Unterschied es macht, nicht irgendwo, sondern in Bremen geboren zu sein, erhellt eindrücklich eine Szene aus der Novelle *Tristan* des Lübecker Hanseaten Thomas Mann. In der Novelle des Literaturnobelpreisträgers kommt es zur Begegnung des Dichters Detlev Spinell mit der Bremer Kaufmannsgattin Gabriele Klöterjahn, geb. Eckhof. Und es entspinnt sich der Dialog:

»›Sie wurden in Bremen geboren?‹ Und diese Frage tat er beinahe tonlos, mit einem ehrfurchtsvollen und inhaltsschweren Ausdruck, als sei Bremen eine Stadt ohnegleichen, eine Stadt voller unnennbarer Abenteuer und verschwiegener Schönheiten, in der geboren zu sein eine geheimnisvolle Hoheit verleihe. ›Ja denken Sie!‹, sagte sie unwillkürlich. ›Ich bin aus Bremen.‹«

AUSWAHLBIBLIOGRAFIE

- Horst Adamietz, Herz einer Stadt. Das Rathaus zu Bremen. Hauschild, Bremen o. J.
- Bremer Frauenmuseum e.V (Hg.): Frauen Geschichte(n). Biografien und Frauen-Orte aus Bremen und Bremerhaven, Bremen 2016
- Bremer Literaturkontor e.V. (Hg.), Literaturszene Bremen, Bremerhaven & umzu, Bremen 1993, Neuaufl. 2007
- Karl Marten Barfuß / Hartmut Müller / Daniel Tilgner: Geschichte der Freien Hansestadt Bremen nach 1945, 3 Bde., Bremen 2008-2010
- Bremische Bürgerschaft: Landesverfassung Bremen, Bremen 2008
- Asmut Brückmann: Bremen – Geschichte einer Hansestadt, Bremen 2021
- Bürgerparkverein Bremen / Die Wittheit zu Bremen (Hg.): Der Bremer Bürgerpark, 125 Jahre, Bremen 1991
- Jürgen Dierking / Johann-Günther König: Die Weser – Ein Kaleidoskop aus literarischen Texten des 19. und 20. Jahrhunderts, in: Bernd Küster (Hg.): Die Weser 1800 – 2000, Bremen 1999
- Karl Dillschneider, Der Schnoor. Neues Leben in Bremens ältestem Stadtteil. Friedrich Röver, Bremen 1972
- Walter Dietsch. Der Dom St. Petri zu Bremen. Geschichte und Kunst, Bremen 1978
- Wolfgang Emmerich (Hg.): Der Bremer Literaturpreis. Ein Dokumentation 1954–1998, Bremerhaven 1999
- Alfred Faust (Hg.): Geistiges Bremen. Schünemann, Bremen 1960
- Sabine Gorsemann (Hg.): Bremen. Entdeckerhandbuch für Stadt und Umland, Frankfurt/M. 1998
- Detlev G. Gross / Peter Ulrich (Hg.): Bremer Häuser erzählen Geschichte, Bremen 1998
- Hermann Gutmann / Torsten Krüger: Bremerhaven. Ein Porträt, Bremen 2011
- Historische Gesellschaft des Künstlervereins (Hg.): Bremische Biographie des 19. Jahrhunderts, Bremen 1912
- Historische Gesellschaft zu Bremen und Staatsarchiv Bremen (Hg.): Bremische Biographie 1912–1962, bearbeitet von Wilhelm Lührs, Bremen 1969
- Eberhard Michael Iba (Hg.): Aus der Schatzkammer der Deutschen Märchenstraße. Sagen, Geschichten, Märchen, Erzählungen, Gedichte und Lieder aus Bremen, Bremerhaven, Verden und Nienburg, Bremen 1987
- Ulf Kaack / Peter Kurze: Bremen: Früher und Heute, Erfurt 2021
- Johann-Günther König: Diese Stadt ist echt, und echt ist selten. Bremen und Bremerhaven in der Literatur, Göttingen 2023
- Ders. mit Hajo König: Lost & Dark Places Bremen & Bremerhaven. 33 vergessene, verlassene und unheimliche Orte, München 2023
- Ders.: Der Osterdeich. Geschichte und Geschichten, Bremen 2016
- Ders.: Der Bremer Freimarkt. Die Schausteller und ihr Publikum, Bremen 2010
- Ders.: Friedrich Engels. Die Bremer Jahre 1838 bis 1841, Bremen 2007
- Ders.: Bremen in aller Welt, Bremen – Boston 1998

- Ders.: Bremen von A–Z, München 1995
- Ders.: Die streitbaren Bremerinnen, Bremen 1981
- Johann Georg Kohl: Nordwestdeutsche Skizzen. Fahrten zu Wasser und zu Lande in den untern Gegenden der Weser, Elbe und Ems. 2 Theile, Bremen 1864; Faksimile-Ausgabe Bremen 1976
- Peter Koster (Hartmut Müller): Chronik der Kaiserlichen Freien Reichs- und Hansestadt Bremen, Bremen 2004
- Bernd Küster (Hg.): Die Weser 1800–2000, Bremen 1999
- Wilhelm Lührs, Der Domshof. Geschichte eines bremischen Platzes. Veröffentlichungen aus dem Staatsarchiv der Freien Hansestadt Bremen, Bd. 46, Bremen 1979
- Hanns Meyer: Im guten Ratskeller zu Bremen. Ein Beitrag zur Kulturgeschichte der deutschen Gaststätte, Bremen 1967
- Uta Müller-Glaßl: Der Bremer Bürgerpark und Stadtwald, Bremen 2010
- Horst Pilster: Das Viertel. Historische Spaziergänge durch die Östliche Vorstadt, Bremen 2024
- Monika Porsch: Bremer Strassenlexikon (10 Bde.), Bremen 1995–1999
- Dies. mit Ingo Balke / Klaus d Alquen: Im schönen Schnoor, Bremen 2014
- Andreas Rumler: Bremen. Populäre Irrtümer und andere Wahrheiten, Essen 2022
- Günter Schneider / Hartwig Struckmeyer, Bremen aus der Luft, Berlin 1995
- Herbert Schwarzwälder: Das Große Bremen-Lexikon, 3 Bde., Bremen 2003
- Ders.: Geschichte der Freien Hansestadt Bremen in 5 Bänden, Bremen 1995
- Ders.: Bremen im Wandel der Zeiten. Die Altstadt. Schünemann, Bremen 1970
- Thomas Schaefer: Wer liegt wo? Prominente auf Bremer Friedhöfen, Bremen o. J.
- Wendelin Seebacher / Dieter Cordes: Ostertor. Herausgegeben von der Bremischen Gesellschaft für Stadterneuerung, Bremerhaven 1987
- Johann Gottfried Seume: Mein Leben. Erstmals ungekürzt herausgegeben von Dirk Sangmeister, Göttingen 2018
- Georg Skalecki: Das Bremer Haus. Schriftenreihe des Landesamtes für Denkmalpflege, Heft 5, Bremen 2008
- Hans Tallasch (Hg.): Projekt Böttcherstraße, Delmenhorst 2002
- Matthias Wegner: Hanseaten. Von stolzen Bürgern und schönen Legenden, Berlin 1999